SAINT-SÉBASTIEN D'AIGNES

PRÈS NANTES

PAR

l'Abbé A. R.
Ex-Curé de Saint-Sébastien-lèz-Nantes.

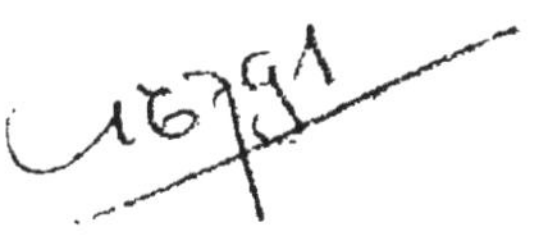

SAINT-SÉBASTIEN D'AIGNES

PRÈS NANTES

PAR

l'Abbé A. R.

Ex-Curé de Saint-Sébastien-lèz-Nantes.

16731

8° LK7 31923

SAINT-SÉBASTIEN D'AIGNES

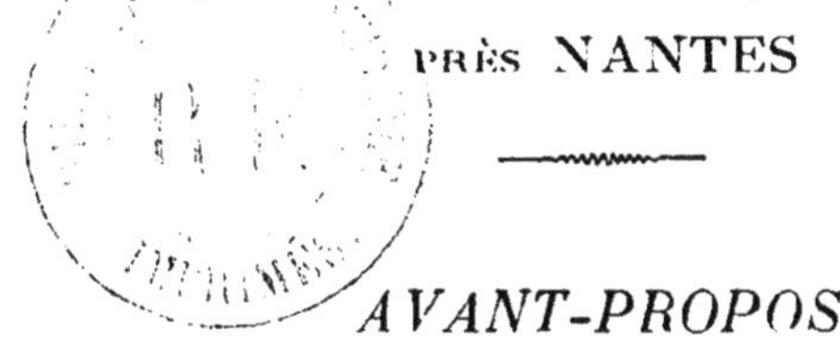

PRÈS NANTES

AVANT-PROPOS

Nous dédions ce modeste travail à nos chers paroissiens de Saint-Sébastien, que d'impérieuses raisons de santé pouvaient seules nous contraindre d'abandonner. Ils aimeront à revivre dans le passé, pour s'y inspirer de la foi et de l'honnêteté de leurs ancêtres : aux Nantais. nos compatriotes qui se rappelleront avec plaisir et édification quels liens les ont toujours unis à la paroisse de Saint-Sébastien ;

A nos chers collègues de la Société archéologique, heureux de leur léguer quelques épaves du vieux temps ;

A nos pieux et vénérés confrères. plein du désir de les voir nous éclipser (ce qui ne sera pas difficile), par quelques monographies plus complètes et mieux réussies que la nôtre.

Nous déposons ces souvenirs d'une intéressante paroisse de son diocèse aux pieds de Sa Grandeur Monseigneur Rouard, en témoignage de notre dévouement filial et de notre profonde vénération.

Abbé A. R.

Ex-curé de Saint-Sébastien-lèz-Nantes.

12 septembre 1897.

Fête du saint Nom de Marie.

I

Origines de la paroisse d'Aignes. — Patrons. — Sanctuaires du diocèse de Nantes, sous le vocable de Saint Sébastien.

Origines.

La paroisse de *Saint-Sébastien* appelée aujourd'hui *Saint-Sébastien-lèz-Nantes* (et non : lès-Nantes comme on l'écrit souvent), est de fondation très ancienne. Les noms qui la désignent dans les documents des diverses époques l'attestent surabondamment.

Ainsi, en 1196 on l'appelle *Agniona*, en 1283 nous trouvons *Engniona*, en 1287 *Angnia* ou *Engnia*[1]. Plus tard a prévalu l'appellation : *Saint-Sébastien-d'Aignes* ou d'*Aigues* qu'on a voulu faire dériver de : *de Aquis*, *des-eaux*, mais qui probablement n'est qu'une altération des noms cités plus haut.

L'architecte Nau, appelé à examiner l'ancienne église, constata au mur latéral nord, une partie de maçonnerie qu'il attribua au IXe siècle.

Les témoignages écrits font défaut, pour établir historiquement la date précise de cette fondation.

Nous nous rangeons volontiers au sentiment de M. Léon Maître, notre aimable et savant archiviste départemental, dont les études infatigables ont déjà projeté de vives lumières sur la question de nos origines.

Voici ce qu'il écrit dans une étude fort intéressante sur *Vertou avant le Christianisme*.

« Depuis les marais de Goulaine jusqu'au lac de Grand-
« Lieu, le fisc ne connaissait qu'une circonscription rurale, à
« l'embouchure de la Sèvre, celle de Vertou.

« Saint-Sébastien est un culte importé du temps des
« grandes pestes du XIVe siècle, dans un bourg plus ancien

[1] Arch. départ... çà et là ; *Cartulaire de Redon, Pouillé diocésain.*

« où il existait une église paroissiale dédiée à un saint in-« connu et citée dans le *Pouillé diocésain* de 1283.[1] »

Ajoutons que dom Morice ne fait pas mention de *Saint-Sébastien*, depuis les origines jusqu'au XIIIe siècle ; que les archives de Saint-Jouin de Marne ont été entièrement détruites[2].

Patrons.

Quel serait donc le Patron primitif de la paroisse d'Aignes ? Peut-être saint Martin de Vertou.

Voici notre supposition, insuffisamment appuyée peut-être, mais en tout cas discutable. Saint Martin de Vertou était diacre, quand il reçut de saint Félix, évêque de Nantes, la mission d'évangéliser tout le pays compris entre Goulaine et le lac de Grand-Lieu[3].

La petite bourgade d'Aignes aurait-elle conservé le souvenir de ce bienfait, et pris pour patron saint Martin ?

Nos pères en agissaient souvent ainsi. De plus, quand ils adoptaient un nouveau patron, ils n'expulsaient pas pour cela le premier ; mais, celui-ci devenait le second titulaire.

Or, nous avons gardé le souvenir de deux statues en bois doré, qui, dans notre enfance, étaient placées de chaque côté du maître-autel, dans la vieille église. L'une représentait un guerrier romain, saint Sébastien ; l'autre un diacre. Toutes les deux portaient dans leurs mains un reliquaire de forme ovale, rempli de reliques. L'état désespéré de dégradation, dans lequel elles étaient tombées, les fit juger indignes d'une restauration ; et, quand le maître-autel fut transporté dans la nouvelle église, ces statues disparurent.

Mais, quel était ce diacre, mis à une place d'honneur, au même rang que saint Sébastien ?

N'y aurait-il pas là un souvenir traditionnel de l'apostolat de

[1] *Revue du Bas-Poitou*, 9e année, 1re livre.

[2] M. L. Maître n'en a trouvé que quelques lambeaux insignifiants.

[3] *Histoire ecclés... Bréviaire nantais*.

saint Martin et de son ancien patronage sur l'église d'Aignes ?

C'est une simple question que nous posons.

Il est donc impossible, quant à présent, du moins, de donner, avec certitude, les origines de la paroisse d'Aignes. Nos longues recherches, sur son histoire, ne nous permettent pas davantage d'établir une suite désirable, dans les faits qui la concernent, jusqu'à l'époque où les manuscrits se succèdent plus nombreux et plus explicites.

Longtemps nous avons hésité à publier cette monographie, à cause des lacunes dont nous venons de parler. Mais, parce qu'il manque beaucoup de renseignements, fallait-il laisser dans l'oubli ceux qui existent? C'est ce que n'ont pas pensé plusieurs érudits dont nous avons suivi les encourageants conseils.

Nous nous bornerons donc à collationner sous quelques rubriques générales les notes que nous avons pu recueillir dans les registres paroissiaux, les archives de l'évêché, les procès-verbaux de la mairie de Nantes, les archives départementales, où se trouvent les plus précieuses indications. Nous n'avons pas cru devoir laisser entièrement de côté l'historien Travers, dont beaucoup médisent, pas toujours à tort, il est vrai, mais dont la compilation n'en est pas moins d'une grande richesse. Plus d'un y a puisé sans s'en flatter. Nous serons plus franc, et, pour les *faits proprement dit*, nous les citerons sans respect humain[1].

Sanctuaires du diocèse sous le vocable de saint Sébastien

On nous saura gré, avant d'entrer de plain-pied dans notre sujet, de rappeler ici les divers sanctuaires du diocèse de Nantes, qui sont sous le vocable de *saint Sébastien*[2].

1° Belligne, chapelle rurale de la Péraudière bâtie en 1659, dédiée aux saints Sébastien, René, Géneviève.

[1] L'historien Travers ayant écrit jusqu'en 1750, il y a des faits cités par lui, et non retrouvés dans les manuscrits qui ont pu disparaître en partie pendant les troubles révolutionnaires.

[2] État du diocèse de Nantes en 1790, par l'abbé Grégoire.

2° A Chateaubriant, la Chapelle-au-Duc, dédiée à saint Sébastien[1].

3° Au Grand-Auverné, une chapelle rurale dédiée à saint Sébastien, où se dit une messe dominicale.

4° A Donges, la chapelle rurale de Saint-Michel, où l'on honore aussi saint Sébastien.

5° A Guenrouët, la chapelle rurale de Saint-Sébastien du Bollet, rebâtie dans ce siècle.

6° A Piriac, la chapelle rurale de Saint-Sébastien, sur la côte.

7° A Saint-Nazaire, la chapelle priorale de Saint Sébastien.

II

Saint-Sébastien d'Aignes, Paroisse.

Topographie, limites anciennes, limites actuelles. — Population. — Eglise ancienne. — Eglise nouvelle.

Saint-Sébastien d'Aignes, paroisse.

Malgré quelques contradictions fort embrouillées et peu concluantes, il paraît certain que Saint-Sébastien d'Aignes fut, jusqu'au Concordat, paroisse ; et Saint-Jacques, succursale de Saint-Sébastien.

Tout ce qu'on trouve dans les anciens parchemins, prêtant à l'opinion contraire ; comme la coutume des offices curiaux à Saint-Jacques, la revendication de ses droits par les moines en 1696, le privilège de nommer les prévôts de la confrérie de Notre-Dame-de-Vie, prouvent seulement à notre avis :

1° Que les Bénédictins de Pirmil, cherchaient depuis longtemps, à se rendre indépendants de l'église Saint-Sébastien.

2° Que ce n'était peut-être pas sans raison. Les dépenses qu'ils supportaient pour tenir l'hôtellerie, les épuisaient ; l'agglomération de la population autour du monastere, ren-

[1] Fondée par François II, duc de Bretagne en 1684.

dait plus nécessaire leur indépendance, comme le fait supposer la présence des fonts baptismaux et des cimetières établis à leur usage. Toutefois, nous n'y verrions pas comme l'historien Travers une preuve de leur indépendance, mais une circonstance qui en atteste le besoin et peut-être la légitimité.

3° Mais qu'*en droit*, le prieuré demeurait succursale de Saint-Sébastien, avec quelques privilèges, comme communauté religieuse, et quelques concessions *de fait*, comme succursale.

En 1684[1], le recteur de Saint-Sébastien possède encore incontestablement la juridiction sur tout le territoire de Saint-Jacques et de Vertais. On le voit porter la communion pascale, en Vertais, jusqu'à la Révolution.

La bulle du Pape, qui institue au Prieuré de Pirmil les Bénédictins de Saint-Maur (1690) et les décharge de tous les offices extérieurs, semble donc plutôt reconnaître que précédemment, ils n'y avaient vaqué que par tolérance.

Jusqu'à la Révolution, la paroisse de Saint-Sébastien se divisait en deux cantons : celui de Pirmil, jusqu'au Douet ; et celui des Champs, comprenant le reste de sa circonscription

Depuis le Concordat, on distingue, dans sa nouvelle délimitation : 1° les Bas-Champs, du bourg à Saint-Jacques et à la Loire ; 2° le bourg ; 3° les Hauts-Champs, du bourg à Vertou et à Basse-Goulaine.

Nous donnons du reste, en détail, les limites de la paroisse de Saint-Sébastien, pour chacune des phases de son existence, après avoir dit un mot sur sa physionomie générale.

Topographie.

Entre l'embouchure de la Sèvre nantaise et les marais de Basse-Goulaine est situé un vaste plateau de 20 à 30 mètres d'altitude.

[1] Arch. dép. : *Registre des visites pastorales*.

Ce plateau bien ensoleillé n'est légèrement creusé que par deux petits ruisseaux. L'un appelé le *Douet* qui donne son nom à un gros village de huit cents âmes, naît en Vertou, et va se perdre dans la grande Loire, sous une humble voûte bâtie par l'administration civile, près de la cale, au bas de la Grénerais. L'autre, plus minuscule encore, comme semblerait vouloir l'indiquer son nom, la *Douettée* qui donne aussi son nom à un petit village, n'a pas de source bien saisissable, suit la même direction parallèle, à environ deux kilomètres de distance et va former, dans la propriété du Genétais, un réservoir, d'où il s'échappe sournoisement, dans le cours d'eau qui amène à la Loire les eaux des marais de Basse-Goulaine[1]. Nous ne parlons pas du ruisseau de la *Patouillère* qui forme la limite extrême de la paroisse[2].

Limites anciennes de Saint-Sébastien.

Les limites anciennes de la paroisse de Saint-Sébastien sont en grande partie des limites naturelles.

Les voici exactement :

1° Au nord, la Loire, bras de la Madeleine. Les îles-prairies sises entre ce bras et celui de Pirmil, ont été adjugées à Saint-Sébastien, à une époque où elles étaient presque complètement désertes.

2° A l'ouest : la Sèvre Nantaise jusqu'aux *quatre chemins*. La traverse de croix, de la Sèvre à la route de Clisson, séparait Saint-Sébastien de Vertou ; puis la route de Clisson.

3° Au midi ; cette traverse susmentionnée non loin de l'usine Tertrais, puis, plus loin, à gauche la paroisse de Basse-Goulaine.

[1] Propriété patrimoniale des Mérot du Barré.

[2] L'ouvrage récemment paru de MM. Orieux et Vincent, sur la Géographie de la Loire-Inférieure mentionne en Saint-Sébastien deux cours d'eau : le ruisseau de la *Patouillère* et celui du *Genétais* et ne parle pas du *Douet*.

4° A l'est : la paroisse de Basse-Goulaine, limitée par le ruisseau de la Patouillère qui coule près du château des Grésilières[1],

Limites actuelles.

A l'époque du Concordat, la chapelle du Prieuré de Pirmil, devenant le centre de la nouvelle paroisse de Saint-Jacques, les limites de la paroisse de Saint-Sébastien durent être modifiées.

Du bras de Loire de la Madeleine, à celui de Pirmil, le territoire échut à la proisse de Saint-Jacques.

Au nord, le bras de Loire de Pirmil englobant l'île Héron, l'île Pinette et l'île Forget, devint la limite de Saint-Sébastien, jusqu'au chemin de la fonderie sur la côte.

En montant ce chemin jusqu'au carrefour qui se trouve entre la Haute et la Basse-Robertière, on a à gauche, Saint-Sébastien et à droite, Saint-Jacques.

De ce carrefour en revenant vers Nantes jusqu'au *trivium* de la Haute-Martellière, on laisse encore à droite Saint-Jacques, et, à gauche Saint-Sébastien.

De ce *trivium*, en passant sur le petit pont du Douet, à la Basse-Martellière jusqu'au *trivium* suivant : même disposition des deux paroisses.

A partir de ce dernier *trivium*, les limites se poursuivent vers le sud, serrant Saint-Sébastien à gauche, Saint-Jacques à droite jusqu'au carrefour où le Douet laisse son humiliant fossé de route, sous un ponceau-viaduc qui s'est fait longtemps désirer, et va courir dans un grâcieux vallon jusqu'à son embouchure.

Là, les limites se redressent vers l'ouest par le chemin qui conduit à la route de Clisson, ayant encore Saint-Jacques à droite et Saint-Sébastien à gauche. Ici, la route de Clisson

[1] Le château des *Grésillères* appartenait au ministre Billault. Il y reçut l'empereur, de passage à Nantes, à l'occasion des inondations de la Loire. Cet ancien ministre y mourut, en villégiature, de mort subite.

sépare la paroisse de Saint-Sébastien de celle de Vertou à droite, du nord au sud, jusqu'à la rencontre de Basse-Goulaine où reviennent les limites anciennes.

Population de Saint-Sébastien.

La population de Saint-Sébastien est, pensons-nous, d'origine poitevine.

Le Poitou, pendant de longs siècles eut pour limites naturelles au nord le fleuve de la Loire.

Sans doute, il y eut des concessions faites aux Bretons, sur le territoire poitevin, au IXe siècle Mais certaines agglomérations homogènes conservèrent leur caractère originel et *original*. Telle fut, croyons-nous, la paroisse de Saint-Sébastien qui dut précéder les invasions bretonnes. Cette population a bien la ténacité du Poitou, son amour du sol natal et de ses coutumes, son esprit peu liant avec les étrangers, son opiniâtreté au travail.

Sans doute, ces qualités se rencontrent chez les Bretons : mais est-ce une raison pour faire traverser la Loire aux ancêtres des paroissiens d'Aignes à une époque où les communications d'une rive à l'autre étaient si difficiles?

Pour tout concilier au point de vue du caractère, disons fièrement qu'à l'envi des Venètes, le pays des *Mauges*, eut la gloire de gêner considérablement la marche du conquérant des Gaules qui, dans un moment de dépit, les appelle : *mala gens* (mauvaise race) d'où, leur nom, disent les étymologistes.

Quoi qu'il en soit, la population de Saint-Sébastien est, avant tout, laborieuse. Les travaux des champs en occupent un grand nombre. La culture maraîchère y est à l'ordre du jour, à cause de l'écoulement facile et régulier dont elle est assurée, sur le marché de Nantes.

Aussi, chaque matin, voit-on, bien avant l'aube, les robustes maraîchers porter à la grande ville, souvent sur leur tête solide, la cueillette du verger ou du jardin potager.

Quelques vignes bien soignées et d'une bonne qualité estompent çà et là le territoire. Aux Ouches, les vignes Caillé sont les plus remarquables.

Sur le bord de la Loire est établi un clan de pêcheurs. Ils entravent, sans cesse et avec succès, le fleuve, de leurs innombrables engins.

Plus près de la ville, bon nombre vont travailler dans les ateliers et les usines de Nantes, afin de grossir les recettes de la maison.

Les commerçants en porcs s'y sont multipliés depuis quelques années : c'est surtout au bourg et dans les hauts champs qu'ils sont plus nombreux.

Ce peuple est intelligent pour les affaires, loyal dans les transactions, infatigable dans la poursuite du gain.

Toujours fidèle à la foi de ses pères, il devient enthousiaste, dans les grandes circonstances, et ne recule pas devant les démonstrations et les sacrifices. Légèrement gouailleur (qu'on nous pardonne le mot), il ne manque pas de *sel gaulois*, et chez lui, les sobriquets, *seigneuries*, comme ils les appellent, sont prodigués, *sans frais et sans garanties.*

Au fond, il est fier, indépendant, et veut être traité comme les gens de la ville.

Petites misères qui s'expliquent par la fréquence des rapports avec Nantes et la conscience qu'ils ont de leurs bonnes qualités.

Eglise ancienne.

L'ancienne église de Saint-Sébastien était de style gothique (XVe siècle). Son chœur se terminait par un chevêt plat, specimen caractéristique d'un grand effet ; on y remarquait autrefois de magnifiques vitraux.

Le clocher qui fut rebâti ou remis à neuf, après l'incendie de 1726, n'avait rien d'artistique, mais le portique (XVIe siècle), sur lequel il s'élevait, était du meilleur goût. Il a subsisté jusqu'à la construction de la nouvelle église.

On y voyait une *pieta* en pierre blanche, qui, à l'instigation de M. le curé, fut proposée au musée archéologique de Nantes, par la fabrique de l'église de Saint-Sébastien, à la condition expresse qu'on spécifiât la provenance du don. Elle y figure encore aujourd'hui, mais on a oublié de remplir la condition.

Une statue de sainte Anne (XVIe siècle) eut, sous ce double rapport, la même destinée que la précédente.

La nef de l'église était un grand vaisseau, avec *tirants* de chêne, pour supporter la toiture. Un lambris fait de simples planches formait la voûte. M. le curé Legal, vers le milieu de ce siècle, eut la pensée de l'orner de peintures à l'huile, sur fond bleu. La beauté de l'édifice y gagna quelque peu, mais la commodité y perdit beaucoup; car, tous les dimanches pendant les offices, l'humidité s'y condensait et une pluie peu agréable tombait sur les fidèles assemblés.

Autour de l'église régnait le cimetière paroissial. Aujourd'hui, il est à quelques centaines de mètres du bourg dans un terrain mouillé qui ne permet guère aux corps de disparaître entièrement, dans le délai accordé par la loi. Les morts sont moins bien traités qu'autrefois ; trop souvent, on profane leurs ossements, à peine consumés, pour faire place aux nouveaux arrivants ; et ils n'ont plus les prières de leurs parents et de leurs amis, au sortir de l'église.

L'hygiène, disent les savants, a considérablement gagné, à cet éloignement des morts (!). Nous n'en sommes pas convaincu.

Eglise nouvelle.

On sentait le besoin de remplacer, par une nouvelle construction, l'église ancienne devenue insuffisante pour la population.

M. le curé Verhœven, de douce et pieuse mémoire, y songea sérieusement et efficacement. Sur son initiative M. Faucheur, à qui l'on doit plusieurs églises d'une belle architecture religieuse, fut chargé d'en tracer le plan. Ce plan ne put être exécuté par Monsieur Verhœven qui disait en souriant : « Je fais comme le roi David, je réunis les fonds ; après moi, viendra un Salomon qui édifiera. » Le Salomon parut. Ce fut M. l'abbé Picaud dont le souvenir vit encore à Saint-Sébastien.

Il confia à M. Boismain le soin de réviser et de modifier le plan de M. Faucheur. C'est dire que la nouvelle église allait être un petit chef-d'œuvre. Elle l'est en effet. Ceux de nos collègues archéologues qui ne l'ont point encore visitée, peuvent y faire une excursion fort intéressante au point de vue de l'art.

C'est un monument de style gothique à trois nefs sous une seule toiture, avec un spacieux transept terminé par de gracieuses rosaces.

Les colonnes de la grande nef forment une perspective harmonieuse qui aboutit à un chœur ample et de belle venue.

Le clocher, d'une hardiesse simple et correcte, fait le plus grand honneur à l'artiste qui l'a dessiné. Aujourd'hui un carillon sonore anime la tour et porte au loin l'écho des joies et des tristesses de la vie chrétienne.

A quand un maître-autel digne du reste de l'édifice ?

Le corps du vénéré M. Picaud repose au bas du chœur, sous les dalles du sanctuaire, avec le titre de *fondateur* de la nouvelle église.

On ne saurait trop louer le généreux entrain avec lequel les paroissiens secondèrent le zèle de l'infatigable et heureux *curé-bâtisseur*.

Non seulement les habitants de la paroisse, mais encore ceux de la ville qui, chaque année y passent la belle saison, contribuèrent sans se lasser, à l'achèvement de cette église. Qu'ils soient contents et fiers de leur œuvre ! Ils ont bien mérité de Dieu et des hommes !

III

Suite chronologique des faits concernant l'histoire générale de la Paroisse de Saint-Sébastien d'Aignes.

Nous donnons ici quelques dates relevées un peu partout, qui ne trouveraient pas place sous l'un des titres de cette notice historique, en les faisant suivre de sobres explications selon le besoin.

. . . .

1499, 26 mars. — L'église de Saint-Sébastien après avoir été réparée par Thomas James, évêque de Dol, fut consacrée par lui[1].

. . . .

Est-ce à cette époque qu'il faut rattacher la construction de la belle fenêtre du chœur? C'est ce que nous ne pouvons établir.

. . . .

Au XVIe siècle le curé de Saint-Sébastien nommait et présentait le diacre de l'Eglise cathédrale[2].

. . . .

Nous ne savons comment il avait acquis ce droit, ni comment il l'a perdu. C'était peut-être une prérogative du doyenné rural de Clisson, dont on voit les recteurs de Saint-Sébastien, en possession, jusqu'au Concordat.

. . . .

1538, 8 juillet. — On mentionne la visite épiscopale faite par

[1] Registre paroissial.

[2] Procès-verbaux des visites pastor. arch. départ., série G.

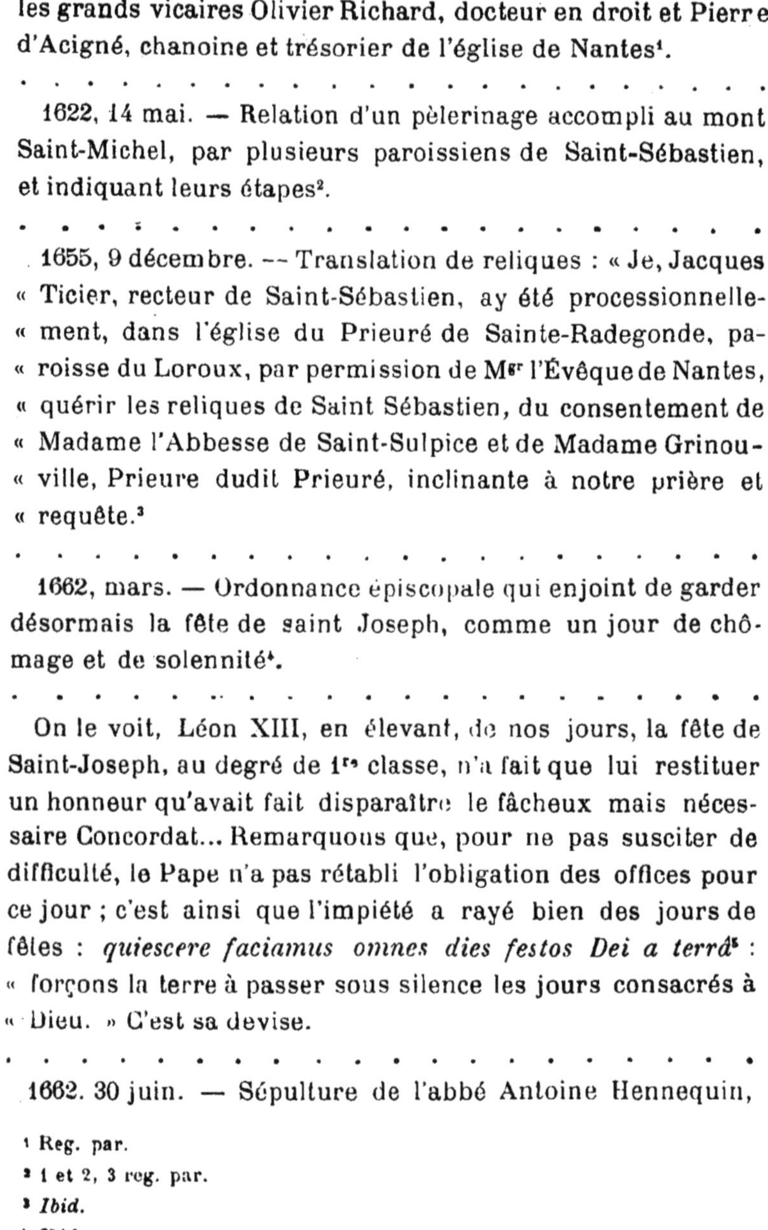

les grands vicaires Olivier Richard, docteur en droit et Pierre d'Acigné, chanoine et trésorier de l'église de Nantes[1].

. . . .

1622, 14 mai. — Relation d'un pèlerinage accompli au mont Saint-Michel, par plusieurs paroissiens de Saint-Sébastien, et indiquant leurs étapes[2].

. . . .

1655, 9 décembre. -- Translation de reliques : « Je, Jacques « Ticier, recteur de Saint-Sébastien, ay été processionnelle- « ment, dans l'église du Prieuré de Sainte-Radegonde, pa- « roisse du Loroux, par permission de Mgr l'Évêque de Nantes, « quérir les reliques de Saint Sébastien, du consentement de « Madame l'Abbesse de Saint-Sulpice et de Madame Grinou- « ville, Prieure dudit Prieuré, inclinante à notre prière et « requête.[3]

. . . .

1662, mars. — Ordonnance épiscopale qui enjoint de garder désormais la fête de saint Joseph, comme un jour de chômage et de solennité[4].

. . . .

On le voit, Léon XIII, en élevant, de nos jours, la fête de Saint-Joseph, au degré de 1re classe, n'a fait que lui restituer un honneur qu'avait fait disparaître le fâcheux mais nécessaire Concordat... Remarquons que, pour ne pas susciter de difficulté, le Pape n'a pas rétabli l'obligation des offices pour ce jour ; c'est ainsi que l'impiété a rayé bien des jours de fêtes : *quiescere faciamus omnes dies festos Dei a terrâ*[5] : « forçons la terre à passer sous silence les jours consacrés à « Dieu. » C'est sa devise.

. . . .

1662. 30 juin. — Sépulture de l'abbé Antoine Hennequin,

[1] Reg. par.

[2] 1 et 2, 3 reg. par.

[3] *Ibid.*

[4] *Ibid.*

[5] Ps. 73.

prêtre du diocèse de Paris, chanoine de Troyes, doyen de Mortagne, curé de Saint-Germain-des-Noyers, fils de Louis Hennequin et d'Antoinette de Mauroy, lequel fut inhumé dans le chœur de l'église, après avoir reçu le Saint Viatique dans la paroisse de Saint-Nicolas de Nantes, et l'extrême-onction dans celle de Saint-Sébastien, Texier étant recteur[1].

. . . .

1684. — Visite pastorale dont la relation fort précise et très circonstanciée se trouve au registre des procès-verbaux des visites pastorales[2].

. . . .

Nous en résumons une partie, et nous en citons textuellement quelques lignes, afin de donner une idée de la minutieuse exactitude qui présidait à ces visites, et aussi, de la forme des procès-verbaux officiels de cette époque.

. . . .

Le jeudi 4 mars 1684 Antoine Binet Grand Archidiacre de Nantes se rendit à Saint-Sébastien pour y faire sa visite. Il dîna à la cure et fut reçu à l'église par Messire Jean Bourdais, doyen rural du climat (canton) de Clisson.

L'archidiacre trouva dans le tabernacle une custode pour porter le Saint Viatique aux malades ; elle n'était point dorée à l'intérieur.

On lui présenta quatre calices avec leurs patènes : le plus grand était doré en dedans.

M. Binet s'étant informé s'il y avait des reliques dans l'église, on lui présenta un reliquaire d'argent fait en forme de bras traversé de plusieurs flèches. Sur ce reliquaire à l'extrémité, étaient inscrits ces mots : « des deniers de la paroisse de Saint-Sébastien en 1655. »

Au milieu de ce bras se trouvait un *verre* qui laissait apercevoir des ossements. L'archidiacre demanda si ces reliques étaient autorisées, et de quel saint elles étaient. Il lui fut ré-

[1] Reg. par.

[2] Reg. des procès-verb. archiv. dép. G. 52.

pondu qu'on n'avait demandé aucune autorisation pour elles, mais qu'elles avaient été apportées processionnellement, et en grande solennité du prieuré de Sainte-Radegonde[1] du Loroux, que la prieure assurait qu'elles étaient sûrement des reliques de Saint Sébastien, et que depuis ce temps, on les avait toujours honorées comme telles, dans la paroisse.

La visite des fonts baptismaux fit découvrir que les *boites* aux saintes-huiles n'étaient pas en bon état. Le grand archidiacre ordonne de s'en procurer d'autres....

Abrégeons et citons textuellement : « Visitant l'église et les « autels avons veue (*sic*) qu'elle était consacrée et les autels « aussy ; que les deux qui sont à côté du grand n'ont point de « dais dessus et que la dédicace s'en fait le 24 mars jour et « fête de saint Eustache ; qu'elle est presque toute carrelée, « et la place haulte, et... (*illisible*), et avons été informé que « l'audiance (*sic*) de la juridiction des Sesmaisons se tient dans « le chapitreau de la ditte église, qui est dans le cimmetière « (*sic*).

« Visitant la sacristie, avons veu (*sic*) 4 calices (2 etc. cité ci-« dessus), avons pareillement veu qu'il n'y avait point de « tableau dans l'église, où sont exprimées les fondations « d'icelle[2] ».

. . . .

1726. — L'église est reconstruite en partie après un violent incendie[3].

. . . .

L'ouvrier chargé de placer le coq sur le nouveau clocher en *poivrière*, arrivé à la croix, cria à son patron resté au bas de la tour : « où est le trou pour y mettre le coq? » — « Ah ! s'écria le patron, mon homme est perdu! » — et à l'instant même l'ouvrier cédant au vertige s'abattit sur la place de l'église[4].

[1] Cf. 9 décembre 1655 plus haut.

[2] Procès-verbaux des visites pastor. — Arch. dép. G. 52.

[3] Etat du diocèse de Nantes en 1790 (abbé Grégoire).

[4] Récit d'un vieillard de la paroisse.

. . . .

1740, 11 juin. — Pendant une mission qui dura un mois, on se rendit processionnellement pour bénir deux croix ; l'une à Pirmil qui fut appelée *la croix de Bon-Port*, l'autre sur la grève, vis-à-vis la rue de la Croix-Blanche, elle fut appelée *la Croix de Victoire*[1].

Le 13 juin, on bénit une troisième croix au Portereau-des-Landes. qui fut appelée *la croix de la paix*[2].

. . . .

La croix de Bon-Port a disparu, mais les deux autres subsistent encore. La plantation de la croix de Bon-Port, prouve qu'en 1740, la juridiction du curé de Saint-Sébastien sur Pirmil, existait encore de plein droit.

. . . .

Nous citons entièrement et textuellement un inventaire sommaire du Recteur Biard qui expose la situation de la paroisse de Saint-Sébastien en 1790, au double point de vue de la juridiction et des ressources de la cure, le tout assaisonné d'une saveur naïve qui a son charme.

« Je soussigné déclare ne posséder aucun héritage ni « domaine autre que la maison presbytérale avec son jardin « circuit de murs, contenant le tout, par fonds, environ douze « boisselées de terre, mesure nantaise, et que pour cette raison « de ma cure, j'ai droit de prendre et de percevoir les dixmes « dans ma paroisse, à raison de treize : qui est divisée en « deux cantons qu'on appelle le canton de Pirmil qui s'étend « jusqu'au Douet. Le recteur n'y prend aucune dixme. Dans « celui des champs, le recteur partage la dixme des grains « avec le prieur de Pirmil, dont il afferme la moitié aux « bénédictins, à raison de 400 l. et y jouit seul des dixmes de « vin et de lin, dans le canton des champs.

« La dixme de lin était affermée autrefois il y a quelques « années, 40 écus, et ne vaut pas actuellement davantage

[1] Reg. par.

[2] *Ibid.*

« Celle de vin se monte à 7 à 8 barriques, estimé la barrique « 12 l. sauf les frais pour le faire recueillir et les décimes « qui se montent à 45 l. environ, étant obligé d'ailleurs de « payer et nourrir un vicaire pour servir une partie de la « paroisse, en l'église paroissiale, et un autre à Pirmil en « l'église Saint-Jacques, pour administrer les sacrements aux « habitants du faubourg des rues de Vertais, de Dos-d'âne et « autres lieux adjacents, où il ne perçoit ni messes ni dixmes, « abandonnant tous les émoluments de ce canton audit vi- « caire de Pirmil, et au surplus obligé d'avoir deux domes- « tiques, savoir : un garçon jardinier et une domestique, et « un cheval pour les sacrements. (*sic*)

« Laquelle déclaration, le recteur de Saint-Sébastien a « affirmée véritable. »

Fait et arrêté à Saint-Sébastien, le 24 janvier 1790.

Signé : BIARD, doyen, recteur.

Au bas de la déclaration est écrit : publié et affiché à Saint-Sébastien, le 24 janvier 1790.

Signé : GERGAUD, vicaire.

Le bon recteur Biard survécut peu à cette déclaration, nous lisons au registre paroissial des sépultures :

« Le 10 mai 1790 : sépulture de Louis-Auguste-César Biard, doyen recteur de la paroisse, âgé de 57 ans, natif d'Amiens. »

. . . .

Les spoliateurs des biens de l'église prenaient leurs précautions et dressaient leurs batteries. Quatre ans après, le vol était consommé par la vente du presbytère et de son jardin.

On lit sur la liste des acquéreurs des biens nationaux[1]. « Le « 18 fructidor an IV, vente de la cure, maison presbytérale « à...... pour la somme de 10.342 fr. »

[1] Arch. dép.

IV

Pèlerinage a Saint-Sébastien d'Aignes

Origines. — Pèlerinages de la ville de Nantes, — des paroisses du Diocèse, — des paroisses étrangères au Diocèse.

Origines.

Le pèlerinage à Saint-Sébastien-lèz-Nantes est fort ancien. On ne peut préciser la date de son origine ; mais, il paraît probable qu'il commença à l'occasion de la peste qui sévit à la fin du XIVe siècle.

« Dès l'an 680[1] saint Sébastien sauva Rome de la peste ; « c'est à cet événement, dit Baillet, qu'il faut rapporter la « grande confiance que les peuples ont toujours eue depuis, « à l'intercession de Saint Sébastien, contre la peste. »

Le pèlerinage à Saint-Sébastien-lèz-Nantes était si renommé en France, que, Rabelais[2] n'a pu s'empêcher d'en faire mémoire, dans ses contes plus drôles qu'édifiants.

C'était contre le fléau de la peste qu'on allait implorer la protection du soldat martyr. On entendait alors par *peste* toute épidémie devenue meurtrière.

Aujourd'hui cette dénomination *peste* a fait place à des appellations savantes et diverses, mais au fond, il y a toujours *pestis : A peste, fame et bello, libera nos, Domine!*

Seigneur, délivrez-nous de la peste, de la famine et de la guerre[3] !

Laissons maintenant la parole aux chroniqueurs, en citant les documents épars que nous avons pu trouver sur cette antique dévotion.

[1] Paul Diacre : *Histoire des Lombards.*

[2] *Contes de Rabelais* (1495-1653).

[3] *Litanies des Rogations.*

Pèlerinages de la ville de Nantes.

1500. — La peste qui désola la ville de Nantes, porta les habitants à faire un vœu à Saint-Sébastien. On ordonna une procession, à laquelle on porta une bougie de 200 brasses qui faisait le tour de la ville par la longueur et pesait 24 livres 1/4; on l'appelait à cause de cela *la ceinture de ville*.

. . . .

La communauté de la ville (c'était ainsi qu'on nommait le conseil municipal d'alors) s'obligea, par vœu, à aller tous les ans, le 20 janvier, jour de la fête du saint, à l'église de Saint-Sébastien d'Aignes où elle recevrait la sainte Eucharistie[1]. Cette dévotion se fit pendant cent cinquante ans.

Toutes les paroisses de la ville et de la campagne avaient la plus grande dévotion à Saint Sébastien. Elles y allaient processionnellement ; elles y portaient des cierges. La paroisse de Saint-Nicolas en donnait un de 80 livres. Il servait toute l'année ; et, l'on prenait ce qui restait de l'ancien.

Cette cérémonie était brillante. Un nombreux clergé y assistait. En 1537 et 1538 on mentionne le nombre de 24 et 28 prêtres. Le Chapitre de la Cathédrale y assistait, accompagné du Clergé séculier et des Religieux de la ville. Le cierge était placé sur une gabare à laquelle il servait de mât.

. . . .

1514. — Les comptes de la paroisse de Saint-Nicolas contiennent cette note : « item, deux cierges pour Saint-Sé-
« bastien avec un plateau d'estain, et un petit tableau attaché
« à un desdits cierges, auquel est en painture, (*sic*) l'image de
« saint Sébastien. »

. . . .

De 1517 à 1520. — La grande Maîtrise de France étant venue à Nantes, se rendit faire son pèlerinage à Saint-Sébastien. Le miseur de la ville Jehan Richerot marque deux poinçons de vin pour son usage, et 24 livres 4 sous, pour les

[1] Archiv. de la ville, *passim*.

hommes qui allèrent le chercher en chaland, à la paroisse de Saint-Sébastien.

. . . .

En 1563 la paroisse de Saint-Nicolas ne fut pas une des moins affligées de la maladie contagieuse. Elle eut recours à Dieu, par l'intercession de Saint Sébastien, *sans négliger les autres remèdes*. Elle fit une procession à Saint-Sébastien, trois lundis de suite. Elle y envoya un cierge de 8 livres et, en bougies, le tour de l'église[1].

. . . .

Aujourd'hui des savants prétendent que l'homme seul, sans le secours d'en haut, et confiant aux lumières de la science, peut se garantir des épidémies. Nos pères pensaient également qu'il ne doit pas négliger les moyens naturels, *providentiels* eux aussi. pour se protéger contre les fléaux ; mais, de plus, (et, en cela, ils avaient une science plus parfaite que nos savants), ils croyaient que Dieu restait le maître de la vie des hommes, et que, de sa volonté, dépend l'efficacité des remèdes que sa bonté a toujours placés à côté des maux ; c'est ce qu'Ambroise Paré exprimait admirablement quand il disait : « je l'ai pansé... Dieu l'a guéri. »

. . . .

1596. — Le 25 janvier, la Loire déborda tellement que les eaux montaient à 23 pieds. La procession ne put aller à Saint-Sébastien et s'arrêta à Saint-Jacques. Le 29 août suivant, on fait une seconde procession à Saint-Sébastien, parce que la contagion continuait ses ravages.

. . . .

1601. — La saint Marc arrive le mercredi de Pâques, jour où l'on faisait la procession à l'église de Saint-Sébastien. A cause de cette occurrence la procession et le jeûne de saint Marc furent transférés au lundi de la Quasimodo[2].

. . . .

1 Trav. II, 382.

2 Registre du chapitre de la cathédrale.

Il est à constater, d'après ce fait, que la procession de la ville, ayant à sa tête le Chapitre de la Cathédrale et tout le Clergé, était pour nos Pères, une obligation religieuse d'une extrême importance, que rien ne permettait de supprimer même temporairement.

. . . .

1612. — Quand la ville fit bâtir la chapelle du Sanitat, elle n'oublia point d'y mettre, à côté de la statue de saint Roch, celle de Saint Sébastien[1].

. . . .

1636, 15 septembre. — Le registre de la ville porte un vœu de cent écus fait par la ville (en la personne des officiers municipaux) à Saint Sébastien pour réédifier l'autel de Saint-Sébastien, en reconnaissance de la cessation du fléau ; mais l'emploi des fonds n'eut lieu qu'en 1643[2].

. . . .

Il est à croire que cette somme ne servit qu'à une restauration et que la reconstruction ne fut entreprise qu'en 1726.

. . . .

1652. — Une note dit que le corps de la ville allait à jeûn à Saint-Sébastien, depuis quelques années : il y eut, paraît-il, une interruption de quelques années dans les pèlerinages, depuis l'an 1500.

. . . .

1653, 20 janvier. — Pèlerinage, le 20 janvier jour de la fête « pour obtenir la continuation de la sainte grâce qu'il plût « à la divine bonté de préserver la dite ville et les faubourgs, « de maladie contagieuse, ainsi qu'il l'a fait, depuis le dit vœu » (1500).

. . . .

1659 le 20 janvier. — Nantes fit présent à Saint-Sébastien d'un ornement de satin vert, doublé de taffetas *incarnadin*, garni de galons et de dentelles d'or et d'argent[3]. Le tout coûte

[1] D'après Travers, III, 175.
[2] *Ibid.*, III, 294.
[3] *Ibid.*, III, 368.

828 livres, consistant en une chasuble, deux dalmatiques, étoles, manipules, voile, bourse et pale.

. . . .

1721, le 26 janvier. — A la procession traditionnelle, « la « symphonie de la ville était composée de violons, basses et « hautbois, et jouant des airs composés pour cette cérémonie, « à la diligence de M. le Maire, par le sieur Picot, organiste « de la Cathédrale. A l'évangile, M. le Maire, en qualité de « Chevalier de Saint Lazare, a tiré l'épée et l'a tenue nue à la « main, pendant l'évangile.

« Au sortir de l'église, les officiers municipaux firent des « aumônes dans la cour du presbytère, et furent déjeûner à « la maison de Mlle Hubert ; après quoi, ils s'en revinrent avec « allégresse en Notre-Seigneur. On dîna à l'Hôtel-de-Ville[1]. »

. . . .

1726, 15 avril. — Nantes arrêta de procéder à l'adjudication de l'ouvrage, pour la réparation de l'autel de Saint Sébastien, dans l'église paroissiale de ce nom ; autel, qu'elle s'était obligée de réparer par le vœu solennel de 1636[2], qui avait été approuvé par le règlement du conseil du Roi, l'an 1681.

En conséquence, la première pierre pour cette restauration fut posée au nom de la ville de Nantes, par M. de Beaulieu-Beloteau, sous-maire, le 17 mai 1726 et l'on mit dans les fondations, plusieurs jetons de bronze aux armes de Nantes et de M. Mellier, maire de Nantes.

Voici du reste l'inscription gravée sur la première pierre de l'autel, au-dessous des armes de la ville et du maire :

« L'an 1726, au mois de mai, la première pierre de cet au- « tel dédié à Saint Sébastien, a été posée, de la part de « MM. Mellier maire, de Beaulieu-Beloteau, Boutin, Lory, « Souchay, Pontdari et Bretineau, magistrat, échevins, et de la « Blanche-Cottineau, procureur syndic de la ville et commu-

[1] Arch. dép., F. J. Verger, n° 3, *Cérémonial de Nantes*.

[2] Travers met ici 1500, évidemment par erreur, car en cette année il n'est pas question du vœu concernant l'autel.

« nauté de Nantes, qui fait rétablir cet autel de ses deniers[1]. »

. . . .

Nous avons vu parmi des débris antiques de l'église une pierre où on lisait cette inscription latine : *Deo cognito*... « Au Dieu connu. » Cette allusion chrétienne à l'inscription payenne qui inspira à saint Paul, son beau discours à l'Aréopage : *Deo ignoto*,. . « au Dieu inconnu », serait-elle un vestige trouvé dans l'ancien autel que remplaça celui dont nous venons de raconter l'inauguration ?

. . . .

1761-1762. — Délibération de la communauté (conseil municipal) concernant les frais d'un voyage de dévotion des membres de la communauté de ville pour l'accomplissement d'un vœu à faire à Saint-Sébastien.

. . . .

Il était d'usage que les marguilliers de Sainte-Croix de Nantes, assistassent à la procession de Saint-Sébastien. Ils en indiquent le jour à Messieurs les prêtres de chœur pour le publier le dimanche suivant. Les chevaliers du papegault[2] y figuraient aussi, chaque année.

Pèlerinages des Paroisses du Diocèse

Ce n'était pas seulement la ville qui accomplissait des voyages à Saint-Sébastien d'Aignes ; les paroisses du Diocèse, en grand nombre, s'y transportaient, à des époques fixées d'avance.

On n'attend pas de nous, l'énumération monotone et fastidieuse par des répétitions inévitables, de toutes les paroisses qui y prirent part. Ce serait d'ailleurs, faire une digression étrangère à notre sujet, que de donner ici une monographie complète de ces pèlerinages.

[1] Trav. III, 374.

[2] On appelait Papegault (*papa gallo, perroquet*) une cible qui, sous la forme d'un oiseau, servait à l'exercice de l'arbalète.

Nous en signalerons seulement quelques-uns qui s rviront d'indication suffisante pour que le lecteur puisse entrevoir le reste.

. . . .

Vers 1589. La paroisse d'Avessac et de nombreuses paroisses du pays de la Mée[1] font un pèlerinage à Saint-Sébastien d'Aignes, pour le remercier d'avoir arrêté la peste qui les désolait[2].

. . . .

Il y a peu d'années, la paroisse de Saint-Gildas-des-Bois accomplissait régulièrement son pèlerinage à Saint-Sébastien. Les vieillards parlent encore des trente bannières qu'ils voyaient défiler majestueusement, le long de la côte, aux beaux jours du pèlerinage.

Un certain nombre de paroisses, avaient fait construire dans leur église un autel dédié à Saint-Sébastien.

Pour montrer, combien dans les paroisses de la campagne, on tenait à cette manifestation séculaire, nous citons *in extenso*, une pièce remarquable, où respirent la foi de nos aïeux et leur fidélité aux bons usages d'autrefois.

« L'année 1791, à la sacristie de Saffré (diocèse de Nantes), « le conseil de Fabrique assemblé, Achille-Jehan-Marie Pi- « neau, procureur de la *commune*, engage à tenir à l'usage « de la procession à Saint-Sébastien. Voici en quels termes « il s'exprime :

« Messieurs, je suis instruit que Messieurs nos prêtres ne « se disposent pas, à l'ordinaire, à mener cette année la pro- « cession à Saint-Sébastien. Je n'entrerai point dans les motifs « qui causent leur terreur, parce que je vous observerai seu- « lement que le temps est des plus propices, que les travaux « de la campagne sont presque en souffrance, en attendant

[1] Ancienne circonscription ecclésiastique qui n'existe plus... c'était à peu près la moitié du diocèse *média* pars., d'où le nom.

[2] Reg. par. d'Avessac (frairies) communiqué obligeamment par M. de l'Estourbeillon.

« le temps d'ensemencer les blés noirs ; que par con-
« séquent il serait imprudent de différer cette processsion,
« que les bons citoyens désirent, et qui est établie surtout
« pour garantir la paroisse des épidémies et autres fléaux pu-
« blics, instant surtout, dans cette occurrence, de prier et faire
« des vœux pour détourner les calamités de sur cette com-
« mune.

« En conséquence, je requiers que Messieurs nos prêtres
« soient de nouveau priés de faire publier aux vêpres, qu'ils
« conduiront la procession, à son ordinaire, samedi prochain ;
« faute de quoi, le secrétaire-greffier publiera que les mar-
« guilliers se précautionneront d'un prêtre, pour lever la
« procession de Saint-Sébastien, à la chapelle de la Made-
« laine, samedi prochain, environ les 5 heures du matin. »

La municipalité, délibérant sur la requête du Procureur de la commune et y faisant droit, a arrêté que le secrétaire-greffier priera Messieurs nos prêtres, de conduire, comme à l'ordinaire, samedi prochain, la procession à Saint-Sébastien, et que, sur leur refus d'en faire la publication aux vêpres de ce jour, il publiera lui-même, à l'issue des vêpres, que la procession se fera comme à l'ordinaire, samedi prochain, par un prêtre de Nantes, les marguilliers en préviendront, et que pour cet effet, il sera délivré aux marguilliers en charge, une expédition du présent arrêté sous les seings des soussignants qui ont signé sur le registre : LE RAY, maire ; Gilles-Mary URVOY ; J. LEBASTARD.

PINEAU Procureur de la commune.

Certifié que le présent extrait est conforme. Au registre, relevé : Martin Brousse secrétaire-greffier à Saffré.

Pèlerinages des Paroisses étrangères au Diocèse.

Le témoignage de Rabelais, dans son conte de Gargantua prouve que les étrangers fréquentaient en grand nombre le pèlerinage de Saint-Sébastien d'Aignes. Il en parle comme d'une chose connue de tous, ainsi qu'on parlerait aujourd'hui d'un train de plaisir organisé pour une exposition, ou pour une fête nationale. Nous n'entrerons donc sur ce point dans aucun détail, nous nous contenterons de citer une curieuse brochure, imprimée à Lyon, chez Louis Perrin en 1876. Est-ce un vieux manuscrit édité récemment, est-ce une réédition ? rien ne l'indique. Nous n'en produisons que le titre et les dernières lignes, attendu que tout le reste, (7 pages) ne traite que des miracles de l'ancien testament.

Nous laissons aux connaisseurs le soin d'en déterminer l'époque. Ils le pourront sans doute, à l'aide de la citation.

Voici le titre : (orthographe respectée)

« Comment les habitants de la Rochelle et de Saint-Jean-
« d'Angely, sont tourmentez et meurdris de serpens et autres
« bestes venimeuses et pour en estre guaris se sont vouez à
« Monsieur Saint Sébastien, près de Nantes en Bretaigne[1]. »

Voici dans les dernières lignes, l'*unique* allusion au récit qu'annonce le titre :

« Que donc, les habitants de la Rochelle et de Saint-Jean-
« d'Angely recognoissent leur faulte.... (nous abrégeons)...
« comme à la vérité, on dit que plusieurs d'entre eux, ont
« faict, lesquels ont eu recours à lui et à sa miséricorde se
« vouants et recommandants aux prières et intercessions de
« Monsieur Sainct Sébastien en Bretaigne, tellement qu'ils
« *y vont en si grand nombre, qu'ils n'est pas possible de*
« *l'estimer.* »

[1] A Paris, par Benoist Chauchet, rue Montorgueil (avec permission.)

V

Confrérie de Saint Sébastien.

Mode de recrutement. — Usages. — Assemblée générale des Prévôts et Marguilliers.

Une confrérie, en l'honneur de Saint Sébastien fut établie très anciennement ; elle a subsisté jusqu'à ce jour.

Mode de recrutement — Usages

On nomme chaque année deux prévôts, sur les indications Monsieur le Curé, après une entente, entre Monsieur le Curé et le prévôt-chef qui reste en charge, autant qu'il le veut.

Ce sont ces trois hommes, le prévôt-chef et ses deux prévôts adjoints, choisis, dans les meilleures familles de la paroisse, qui, avec un dévouement digne d'éloges, s'occupent du recrutement des nouveaux membres de la Confrérie et de la conservation des anciens.

Voici comment ils procèdent.

Plusieurs mois à l'avance, ils se réunissent entre eux et, délibèrent, discutent à fond tout ce qui concerne la fabrication, au plus bas prix possible et dans les meilleures conditions d'assaisonnement culinaire, de succulents gâteaux appelés *fouaces*, que l'on bénit solennellement en l'église de Saint-Sébastien, au jour de sa fête le 20 janvier.

Le prévot-chef et les deux prévots de l'année, ordinairement jeunes et alertes, déposent ces gâteaux dans un grand panier d'osier, véhicule traditionnel de l'œuvre.

Ne redoutant aucune fatigue, ils les portent et les distribuent partout où ils peuvent. dans la paroisse et même dans la ville de Nantes.

Le prévôt-chef exhibe un registre où chaque acquéreur du

gâteau inscrit son nom, avec la somme qu'il destine à l'église. Toutes ces petites sommes réunies forment un modeste revenu qui facilite à la Fabrique l'acquittement de ses dettes, toujours grandes, car les ressources diminuent et les charges augmentent : *damnum emergens, lucrum cessans* : mais devenues très-lourdes par la construction de la nouvelle église.

En 1683, est consigné[1] l'usage qui est encore suivi, de prier pour les associés de la Confrérie.

A cette époque « les ressources consistent en 10 sous que « chaque confrère paie pour y entrer et en 10 autres sous « qu'on paie pour chaque confrère mort, et 2 sous par an ».

. . . .

Assemblée générale des Prévôts et Marguilliers.

Ordinairement, c'est parmi les prévôts de la Confrérie, qu'on choisit les marguilliers de la paroisse.

Ces deux corps respectables des marguilliers et des prévôts se trouvent donc alliés par là-même, et une cordiale fraternité en unit tous les membres.

Chaque année un service solennel est célébré dans l'église paroissiale pour tous les marguilliers et prévôts décédés depuis la fondation de l'œuvre.

Tous les survivants se font un devoir d'y assister en habits de fête, et leur tenue irréprochable témoigne de leur foi et de leur religion.

A la suite de cette imposante cérémonie se donne un grand banquet champêtre, dans un lieu choisi par les marguilliers et prévôts en charge. Ce sont les femmes des marguilliers et prévôts qui s'occupent de tous les détails de ce dîner patriarchal.

Tout s'y passe au mieux du monde avec un entrain et une gaîté de bon aloi ; c'est une assemblée joyeuse de quelques

[1] Arch. départ. Procès-verb. des vis-past.

centaines d'hommes, heureux de se retrouver ensemble, et de causer de leur passé, de leurs affaires.

La journée s'écoule en des entretiens agréables, en des jeux innocents pleins de saillies et de plaisanteries, qui révèlent la bonne entente et la bonne harmonie de tous les cœurs.

Au soir, un nouveau repas termine la réunion, vrai *champ de mai*, où les intérêts spirituels de la Paroisse ne sont point oubliés.

Puissent ces usages touchants durer toujours !

N'est-ce pas là, la société chrétienne, telle que Dieu la veut ?

VI

Pirmil

Origines. — Tour de Pirmil, — faits historiques. — Quelques noms illustres. — Pirmil en temps de guerre. — Plan de la citadelle de Pirmil. — Pont de Pirmil. — Pêcheries. — Pont Rousseau. — Côte Saint-Sébastien. — Ports. — Magasins.

Origines.

Le nom de Pirmil (en latin : *Pilameium*) s'est successivement et indistinctement écrit : Pilemil ou Pilemy ; Piremil ou Piremy ; et enfin Pirmil. Il vient plus probablement des deux mots latins : *pila milliaria* qui signifient : borne ou *pile millière*. On désignait ainsi la limite où venaient converger et aboutir les voies romaines. Il est donc à présumer qu'à l'endroit où fut bâtie la tour il y avait, ou il y avait eu autrefois, une *pila milliaria* (par abrévation pil... mill ..) et que le lieu en conserva le nom qui se transmit à l'édifice.

Tour de Pirmil.[1]

Après la mort de Charles de Blois, tué à la bataille d'Auray, le traité de Guérande, signé le 12 avril 1365, reconnut sous le nom de Jean IV, le comte de Montfort, maître de la ville de Nantes.

Immédiatement, Jean IV envoya, à Nicolas Bouchard amiral de Bretagne l'ordre de construire une forteresse à Pirmil, pour défendre Nantes, du côté des ponts ; et pour tenir en respect la ville elle-même. « La situation de la tour, au « point de jonction des voies romaines de la rive gauche de « la Loire, fait supposer à M. Bizeul qu'elle avait une anti- « quité beaucoup plus reculée, et que l'amiral Bouchard, « n'aurait fait que la relever et la compléter ».[2]

Contre Nantes, au nord, était dirigée la grosse tour dite : tour de Dieu ; contre le Poitou, à l'ouest et au Sud, étaient : la tour de la Sèvre et la tour de l'Amiral.

La tour de Pirmil fut érigée en capitainerie par Jean IV, en faveur de l'amiral Nicolas Bouchard qui l'avait construite.

Faits historiques.

1381. — La tour fut attaquée plusieurs fois par les armées du roi de France, notamment par Du Guesclin qui s'en empara, sur les ordres de Charles V, pour punir Jean IV de son alliance avec les Anglais. La même année, par le traité de Guérande, la tour de Pirmil fut rendue au duc.

. . . .

1399. — Jean IV décide que les dépenses d'entretien que la ville faisait pour le château de Pirmil et des ponts de la Loire,

[1] Ce que nous dirons ici sur la Tour de Pirmil est emprunté en grande partie à l'intéressante brochure de M. Bougouin, architecte distingué de Nantes, intitulée : *La Tour de Pirmil.*

[2] Note de M. de Wismes, dans la monographie : Les *ponts de Nantes*, bulletin archéologique de 1892.

seraient prélevées, sur le blé, le sel et les vins, et qu'elles seraient payées suivant l'avis du capitaine et des principaux bourgeois.[1]

. . . .

1399. — Lorsque Jean V succéda à son père, sa mère Jeanne de Navarre possédait en douaire, Pirmil.[2]

. . . .

1474. — La revue de l'armée, pour les nobles et les sujets de la rive gauche, se fait à Pirmil, au lieu de se tenir à Saint-Philbert[3].

. . . .

1552. — Le sire de Laval, gouverneur de Nantes, avait 150 livres, comme gouverneur de Pirmil. Il faisait occuper ce fort par un capitaine de son choix.

. . . .

Au XVIe siècle, pendant les Guerres de Religion et les divisions de la Ligue, la citadelle de Pirmil rendit de grands services à la ville de Nantes.

. . . .

1558, 27 avril. — A son voyage à Nantes, Henri IV nomme les dignitaires suivants, pour la citadelle de Pirmil :

Capitaine *continué* . .	Sébastien Viau.
Lieutenant	Julien Bureau.
Enseigne	Mathurin David.[4]

Le roi craignait des trahisons et choisissait ses hommes.

. . . .

1568, 30 mai. — Charles IX ordonne à la ville de Nantes de fournir le logement et la nourriture à 20 hommes ordonnés à la garde des ponts et de la tour de Pirmil, et d'y construire des ponts-levis, s'il est besoin.[5]

. . . .

[1] *Hist. et géogr. de la Loire-Inf.* par Orieux et Vincent, p. 370.
[2] *Ibidem*, I. p. 199.
[3] *Ibidem*, II., p. 98.
[4] *Trav.* II., 109.
[5] *Ibidem.*, II, 404.

1570, 21 octobre. — Un parti de calvinistes parut à Saint-Sébastien, mais le canon du château l'obligea de se retirer au plus tôt[1].

C'était quelques semaines avant la publication de l'édit de pacification qui fut publié le 23 novembre.

. . . .

Quelques temps après, les États de Bretagne[2] qui se tinrent à Nantes, demandèrent à Louis XIII, alors dans la ville, de faire *démolir* la tour de Pirmil; cette demande ne fut pas accordée, le Roi ne se croyait pas assuré de l'entière soumission des Huguenots.

Cette appréhension était fondée, car en janvier 1625 de nouveaux mouvements des révoltés jetèrent l'alarme dans la ville. Les 5, 6 et 7 de ce mois, on organise une garde de sentinelles de batteries à la tête du pont de Pirmil, du côté de Pirmil et en aval du pont.

C'était la dernière tentative des protestants; leurs forces s'épuisaient. Aussi, l'année suivante, quand les États de Bretagne demandèrent le démantèlement de la citadelle, ils l'obtinrent cette fois.

. . . .

1643. — Le seigneur Maréchal de Meilleraye, capitaine de Pirmil et gouverneur des ville et château de Nantes, est nommé gouverneur de Bretagne.

. . . .

1742. — Les habitants de Pirmil voulurent former une seconde compagnie de Papegault[3] ce qui leur fut sévèrement

[1] *Trav.* II.
Etait-ce seulement le bruit du canon qui les effrayait? car, nous hésitons à croire que la portée des canons fût alors aussi longue.

[2] *Trav.* çà et là, III.

[3] C'est François II, duc de Bretagne, qui, en 1468, établit l'exercice du Papegault. C'était une cible représentant un perroquet (esp. papagallo) ou un oiseau. La jeunesse s'y formait au tir de l'arquebuse et de l'arbalète. Les plus habiles obtinrent pour récompense l'exemption des impôts pendant un an, et le privilège de vendre une quantité déterminée de vins nantais, sans payer de droits : 20 pipes ou 40 barriques. En 1534, le nombre des pipes exemptes fut porté à 30.

interdit par ordonnance de M. le marquis de Brancas, gouverneur de la ville de Nantes et de la tour de Pirmil. Il l'était encore en 1757.

. . . .

1793. - Des postes avancés furent créés à Saint-Jacques et à Pont-Rousseau qui fut fortement armé, pour s'opposer à l'entrée à Nantes de l'armée vendéenne.

Le 27 juin de la même année, Charette quittant Legé, vint pour attaquer Nantes par Pont-Rousseau : et Lyrot, de la route de Clisson, menaçait Saint-Jacques.

Le 29 juin à 2 heures du matin, Charette, des hauteurs de Rezé, et Lyrot, de Clisson, commencèrent l'attaque. Les canons de Charette battaient le quartier de la Fosse et les ponts, pendant que Lyrot lançait vivement ses hommes, pleins d'ardeur, sur les obstacles de Saint-Jacques et leurs valeureux défenseurs. Les postes de Saint-Jacques et de Pont-Rousseau résistèrent fort bien à la division de Lyrot et de Charette[1].....

. . . .

1839. — Le gouvernement ordonna d'abattre la tour de Pirmil, (celle de l'Amiral, la seule qui restât) pour l'élargissement de la place et l'établissement d'une cale descendant à la Loire.

Le géant n'était déjà plus qu'une ruine couronnée de lierre. Il disparaissait comme tant d'autres témoins du passé, sous le nivellement quelquefois nécessaire, mais souvent inintelligent de ce siècle plus passionné pour ses aises que pour les souvenirs glorieux des ancêtres.

Nous partageons la noble indignation de M. Bougouin, que nous venons de résumer. Ne pourrait-on pas, en effet, avec un peu de bonne volonté et de talent, concilier les exigences des temps présents avec le respect des gloires du passé ?

[1] *Hist. et géog.* de Vincent et Orieux, I, 425, çà et là.

Quelques noms illustres.

Nous devons mentionner pour mémoire, des noms chers à la ville de Nantes, que nous trouvons sur la liste des capitaines de la citadelle de Pirmil : de Rosmadec, d'Estrées, de Montesquiou, de la Ferronays, de Brancas.

Il convient également de rappeler, que le cardinal de Richelieu fut capitaine de la tour de Pirmil, en même temps que « capitaine et gouverneur des ville et château de Nantes. »

Depuis le milieu du XVIIIe siècle, la capitainerie de Pirmil devint un titre purement honorifique.

Pirmil en temps de guerre.

On nous saura gré de citer une page[1] qui fera entrevoir le mécanisme administratif mis autrefois en usage, pour réunir, en temps de guerre, les forces vives de la ville de Nantes et des faubourgs.

1562. — Le capitaine[1] averti par le (illisible) Roi et Monseigneur le gouverneur, que les ennemis du royaume sont proches de ce pays, ordonne que les habitants se munissent d'armes et de vivres, et que ceux qui ne pourront le faire, sortent de la ville.

Les habitants sont requis de se munir de *harquebutes*,(arquebuses) piques et hallebardes. Les fabriqueurs de Paroisse doivent faire déclaration des demeurants, et de ceux qui ont puissance de porter les armes, et de quelles armes ils sont garnis. Ils ont donné commission au trompette de ville, de prévenir les habitants de Pont-Rousseau, Vertay, Pirmil, de se munir de hallebardes, piques et harquebutes, et, même ceux qui ont puissances en bien, d'avoir corsellets pour être prêts, demain, et de se réunir au lieu qui leur sera assigné, après que la trompette et le tambourin auront sonné pour le service du Roi et garde de la ville.

Les habitants de ville se rendront mardi prochain au château, en armes, pour y nommer des capitaines, centeniers, cinquantainiers, dizainiers.

[1] *Arch. dép.* S. J. Verger, p. 190.

Mgr le capitaine exhorte et supplie les gens d'Église de soy équipper d'armes en leurs maisons, et vivres pour trois mois.

Ils demandent temps, pour en communiquer avec leurs confrères. Il leur est accordé temps jusqu'à jeudi Les gens d'Église remontrent que leur état n'est pas de porter les armes, ce qui leur est défendu par les canons. Néanmoins, étant en péril, ils doivent faire leur devoir comme les autres habitants ; ils tiendront leurs maisons garnies d'armes. Il a été trouvé en cette ville et faubourgs de Nantes sur les cotes des paroisses 2,310 hommes bons et capables de porter et soutenir armes, quand besoin serait, sans compter les collèges religieux.

Plan de la citadelle de Pirmil.

Il existe, au musée archéologique de Nantes, un plan en élévation, très soigné, de la citadelle de Pirmil. A quelle époque a-t-il été fait ? Est-ce *de visu* ou d'après des descriptions et des plans écrits ? nous l'ignorons. En toute hypothèse, il paraît bien compris, et si bien en harmonie avec les données recueillies çà et là, qu'il nous a paru digne d'être signalé, et au besoin étudié.

Pont de Pirmil.

C'est avec plaisir que nous prions nos lecteurs de recourir à la *monographie des ponts de Nantes* écrite par notre aimable et érudit collègue, M. le baron de Wismes[1].

Nous ne relaterons ici que ce qui regarde les ponts jusqu'au bras de la Madeleine exclusivement.

Soit dit en passant, la surveillance des ponts de Nantes fut confiée à un fonctionnaire spécial que nous voyons en 1435, lors de l'inauguration de la première mairie à Nantes, émarger au budget municipal sous le nom de *garde et gouverneur des Ponts*.

. . . .

1481. — Le dernier jour de mai, la ville donne l'ordre au

[1] Bulletin archéol., année 1892.

miseur de rabattre 12 livres 10 sous, sur les 200 livres montant de la ferme de passage des ponts de Nantes et de *Pillemil*, en considération des pertes qu'à éprouvées le fermier, en ne jouissant pas de sa ferme, les jeudi, vendredi et samedi, dimanche et lundi d'avant Pâques, à cause du *pardon général* et des dévotions de la ville qui avaient attiré une immense multitude de personnes[1].

. . . .

1539. — La ville fait relever le pavé du boulevard de Pirmil, ce boulevard étant distinct de la citadelle[2].

. . . .

1552. — Il n'y avait encore aucun pont qui fût en pierre ; la ville fit de grands achats de bois pour leur entretien[3].

. . . .

1556. — La ville demande à l'état six moulins pour Pirmil, mais elle est refusée ; on en accorde deux pour la Saulzaie[4].

. . . .

1558. — Le pont de Pirmil fut emporté par les glaces et réparé, il en fut ainsi en 1564 ; et en 1566 la ruine fut complète[5].

. . . .

1565. — La ville commence à le faire construire en pierres. L'ouvrage dura 20 ans et fut payé au moyen de deniers d'octroi sur toutes les marchandises[6].

. . . .

Pendant les réparations souvent longues des ponts de Nantes, la ville était tenue de procurer le passage gratuit des voyageurs, comme on le voit dans un arrêt du parlement siégant à Nantes en 1557 ; mais, comme la ville avait grand besoin d'argent pour de pareilles entreprises, elle obtint du

[1] Arch. de la mairie.
[2] Trav. II, 312.
[3] *Ibid.*, II, 330.
[4] *Ibid.*, II. 341.
[5] *Ibid.*, II, 393.
[6] *Ibid.*, II, 380.

Roi, par lettres patentes données à Châteaubriant le 26 octobre 1565, de prendre pour le passage, quand les ponts sont en réparations, les droits suivants : 1 denier par homme[1] et 2 deniers pour un homme et un cheval.

. . . .

1573, juin. — Lettres patentes du Roi, à MM. de la communauté, de faire bâtir deux moulins à eau, en faisant construire leurs ponts de Pirmil ; à la charge de payer un cens ou rente d'un écu d'or sol, par chaque moulin, au domaine de Sa Majesté. Le revenu d'un moulin sera employé à leur entretien, et le surplus aux affaires de la ville.

D'après ces lettres, la chambre des comptes appela des experts et descendit sur les lieux. Elle décida que les ponts seraient achevés sur les plans du premier travail, et que les arches qui restaient à bâtir, seraient bâties sur pilotis et faites en pierres. Les pilotis seront garnis de fer acéré d'acier et enfoncés avec l'engin qu'on appelle *mouton*. Quant aux moulins, l'un sera placé près de celui du chapitre et l'autre au pont de *Rousseaulx*.

Pierre Heudes[1] architecte conducteur desdits ponts fait remarquer que les piloties ne pourront entrer dans cet endroit où il y a du roc. Il est d'avis qu'à cause de cela, il conviendra mieux de construire ce pont en bois........ viennent ensuite les avis de plusieurs autres hommes de l'art, architectes ou maçons.

Dans son incertitude, la chambre ordonne de faire l'essai du pilotis et elle se décidera ensuite[2].

Cet excellent conducteur des travaux des ponts ne recevait par an, de ce chef, que 500 livres.

. . . .

1579. — De nouveau, les glaces l'emportent. En 1580, dit Guépin, on s'occupait activement d'achever les ponts, malgré

[1] Titres de la ville de Nantes, arch. de la mairie.

[2] Arch. dép. f. g. n° 0

les dommages de l'hiver. On employa alors des *moutons* de bronze du poids de 700 livres. On employait cette matière, de préférence, attendu qu'elle ne coûtait que deux sous la livre[1].

. . . .

1589. — On accéléra le travail des ponts de Pirmil, dans la crainte de voir les calvinistes, établis à Clisson, envahir la ville[2].

. . . .

1591. — 22 août.

On met tous les maçons et tous les manœuvres qui travaillent au pont du Pirmil à aider ceux qui construisent la casemate de la douve de Saint-Pierre, placée entre le boulevard Saint-Pierre et la tour Chauvin[3].

Cette fois les ponts tinrent bon, pour un temps du moins assez long.....

. . . .

En 1614 au 9 janvier, le registre de la ville mentionne une pyramide à l'entrée du pont de Pirmil, sur le pont, du côté de Vertais.... Elle est inconnue... Pierre Fournier dans son ouvrage manuscrit intitulé : *Inscriptions lapidaires*, ne nous a pas inspiré assez de confiance, pour nous permettre de transcrire ici les nombreuses inscriptions qu'il donne comme authentiques[4].

. . . .

1651. Janvier, l'eau monta jusqu'au haut du chœur de l'église des Carmes et couvrit presque toute la place du Bouffay, ayant emporté les ponts de Pont-Rousseau, Vertais et Pirmil[5].

. . . .

Le 25 janvier Georges Allaire et Antoine Chon proposent à

[1] *Histoire de Nantes*, par Guépin (ponts).

[2] *Trav.* III. 22...

[3] *Ib.* III, 58.

[4] 3 gros vol. in-folio, biblioth. publique : *Inscriptions lapidaires :* manusc. de P. Fournier.

[5] *Trav.* III. 344.

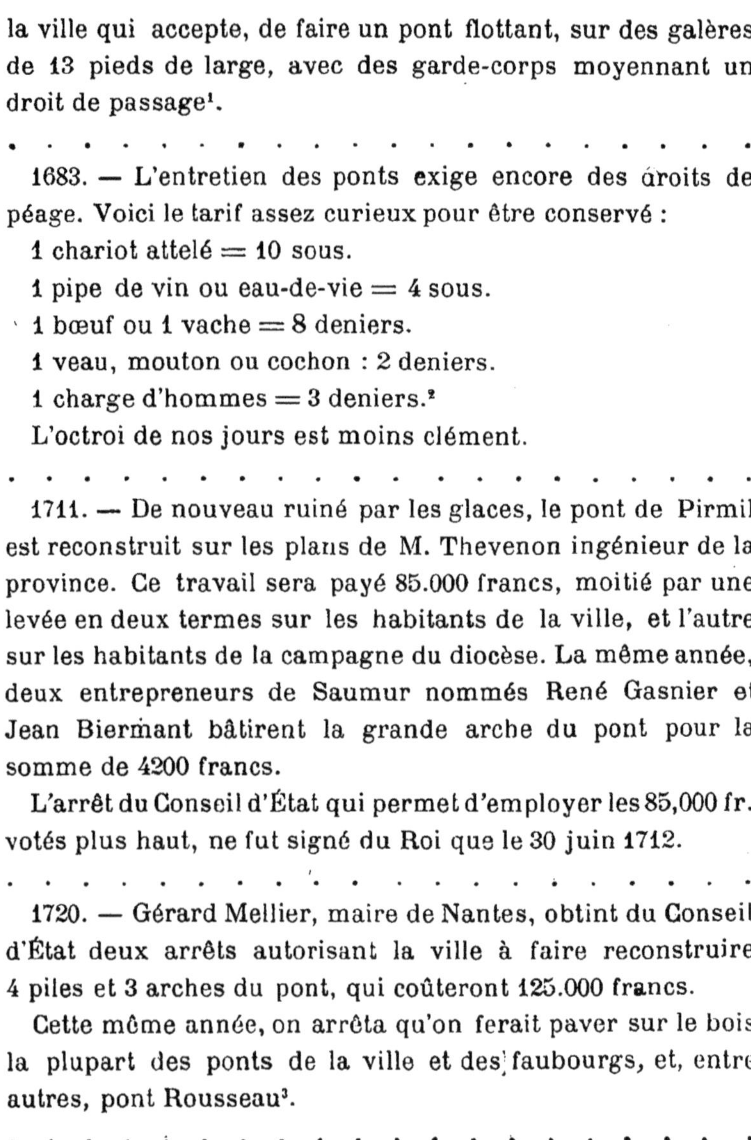

la ville qui accepte, de faire un pont flottant, sur des galères de 13 pieds de large, avec des garde-corps moyennant un droit de passage[1].

. . . .

1683. — L'entretien des ponts exige encore des droits de péage. Voici le tarif assez curieux pour être conservé :

1 chariot attelé = 10 sous.

1 pipe de vin ou eau-de-vie = 4 sous.

1 bœuf ou 1 vache = 8 deniers.

1 veau, mouton ou cochon : 2 deniers.

1 charge d'hommes = 3 deniers.[2]

L'octroi de nos jours est moins clément.

. . . .

1711. — De nouveau ruiné par les glaces, le pont de Pirmil est reconstruit sur les plans de M. Thevenon ingénieur de la province. Ce travail sera payé 85.000 francs, moitié par une levée en deux termes sur les habitants de la ville, et l'autre sur les habitants de la campagne du diocèse. La même année, deux entrepreneurs de Saumur nommés René Gasnier et Jean Biermant bâtirent la grande arche du pont pour la somme de 4200 francs.

L'arrêt du Conseil d'État qui permet d'employer les 85,000 fr. votés plus haut, ne fut signé du Roi que le 30 juin 1712.

. . . .

1720. — Gérard Mellier, maire de Nantes, obtint du Conseil d'État deux arrêts autorisant la ville à faire reconstruire 4 piles et 3 arches du pont, qui coûteront 125.000 francs.

Cette même année, on arrêta qu'on ferait paver sur le bois la plupart des ponts de la ville et des faubourgs, et, entre autres, pont Rousseau[3].

. . . .

1728. – Sailland, entrepreneur de la grande arche de Pirmil

[1] *Trav.* III, 344.

[2] Arch. comm. tom. 1 ser. AA.

[3] *Trav.* III. 452.

et autres réparations évaluées à 190.500 livres, était en procès au tribunal du bureau diocésain.

. . . .

Décidément ces ponts devaient coûter plus cher qu'ils ne rapportaient.....

Voici quel était l'état des ponts sur le territoire qui nous occupe, vers la fin du siècle dernier.

A l'extrémité d'une chaussée qui partait du pont la de Madeleine, se trouve l'église de Toussaint.

Le pont de Toussaint qui la joint est composé de quelques arches, partie en bois, partie en pierre... Ensuite le pont dit des Récollets qui a dix-huit arches bâties en pierres et parapets[1].

Puis le pont de Vertais, en deux arches voûtées, d'où l'on arrive par une chaussée, au fameux pont de Pirmil long de 130 toises. Il a 16 grandes arches, dont les 3 premières en bois, les autres en pierres de taille.

. . . .

Nous passons sous silence plusieurs ruines et réparations partielles des Ponts, en 1816, 1827, 1833.

. . . .

1839. — On fait la place de Pirmil et les quais, ce qui entraîne la démolition de la tour (voir tour de Pirmil).

. . . .

1840. — Les vieux parapets de pierres des ponts sont remplacés par des garde-fous en fonte, et les ponts sont élargis d'autant.

Quelques années plus tard, on fait disparaître également les parapets des premières arches (côté de la ville) du pont de Pirmil, les dernières qui restassent, et il est tout entier de la même largeur.

. . . .

La seconde ligne des ponts qui va de la Bourse à Pirmil, et qui a été achevée, pour les ponts Haudaudine, Toussaint et

[1] C'était plutôt une chaussée, sur un terrain marécageux

Vertais, dans la seconde moitié de notre siècle, avait été étudiée dès l'année 1780 par Perronnet.

Maintenant, les ponts semblent inébranlables. Pourtant, il a été pris récemment contre les glaces, (1897) des précautions à l'occasion desquelles on a émis quelques craintes pour l'avenir, touchant les arches qui sont du côté de la ville. (pont de Pirmil.)

Que se passe-t-il au fond des eaux ?

. . . .

PÊCHERIES

La pêche fut de tous temps en honneur sur notre beau fleuve de la Loire.

Le saumon et l'alose en sont les poissons les plus estimés. Leur chair, excellente, ne pouvait laisser indifférents nos ancêtres aussi gourmets que nous, sans doute, et moins habitués à recourir à la viande de boucherie.

Ils faisaient aux habitants des eaux une guerre à outrance ; et leurs pêcheries formaient un de leurs meilleurs revenus.

Aussi, voit-on, convoitées par les plus riches propriétaires, les pêcheries du fleuve, et surtout celles du bras de Pirmil, le plus large, et autrefois beaucoup plus profond qu'il ne l'est aujourd'hui.

Il ne déplaira pas au lecteur de savoir les noms des possesseurs des pêcheries situées sous les ponts de Nantes.

En 1712, ces heureux propriétaires étaient : Mme de Juigné, M. de Bruc de Montplaisir, Mlle Guyonne de la Frutière, les héritiers Foucher, G. Signard, écuyer sieur de Lorgerie, Marie de Sévigné épouse du marquis du Hallay, le Prieur de la Madeleine, F. Gasnier le chapelain de Bon-Secours, la confrérie de Toussaints, les directeurs de l'hospice général, M. de la Ville-Leroux, les chanoines de Notre-Dame[1].

. . . .

[1] Arch. dép. série C. liasse 66.

Voici les faits les plus importants, concernant l'histoire des pêcheries des ponts.

1599, le 16 novembre.

Pour les pêcheries de la Madeleine, Vertais, Pirmil, le Roi accorde la ferme, au prix des précédents fermiers, mais à condition qu'on laissera quatre nouvelles passes libres, sous les arches de Pirmil, et que les autres pêcheries appartenant à des particuliers, sous les mêmes ponts, seront réduites de manière à laisser au moins neuf pieds d'ouverture avec défense, sous de graves peines, de rien attacher aux piliers des ponts[1].

. . . .

Malgré ces restrictions mises aux envahissements des pêcheurs, le passage des eaux, sous les arches, ne fut pas longtemps libre.

. . . .

1632. 16 mai. — La ville délibère pour demander au Roi, l'acquisition des pêcheries des ponts, à cause des inconvénients résultant des sables et des inondations. Il ne fut pas répondu à leur requête[2].

. . . .

Le Roi Louis XIV fit un édit confirmant en possession de leur jouissance tous les propriétaires d'îles, de *pêcheries*, de péages, de bacs, de ponts et de moulins qui rapporteront des titres de concessions antérieurs à l'an 1566.

. . . .

Mais les pêcheries devaient disparaître, leur arrêt de mort était porté... Gérard Mellier, maire de Nantes, homme d'une grande énergie, fit un rapport à Louis XIV, à l'occasion de la reconstruction des ponts. Ce fut le coup de grâce. Nous citons en grande partie ce document :

. . . .

« Les pêcheries qui ont été construites sous les arches des

[1] D'après *Trav.*, III. 129.

[2] *Ibidem*, III, 287.

« ponts de Nantes[1] ont donné lieu à des désordres, arrêtant « le cours naturel des eaux de la rivière de la Loire, qui ont « refoulé dans les terres et campagnes voisines, d'où, étant « tombées avec rapidité sur les arches des ponts, et les pas- « sages étant réduits à une voie trop étroite pour les pêche- « ries, il est arrivé que les eaux ont entrainé les principales « arches; et, comme celles qui subsistent ont été creusées « jusqu'à 15 et 20 pieds de profondeur, il est important d'en « prévenir la ruine totale qui causerait un préjudice très « considérable au commerce de la ville et à celui de la pro- « vince de Bretagne. »

. . . .

Ce n'était donc pas sans raison que l'on décidait la suppression des pêcheries.

Cette suppression se fit selon toutes les règles de la justice.

L'arrêt de 1712 ordonne à tous les propriétaires, de produire, dans l'espace d'un mois, les titres qui prouvent la légitimité de leur possession, afin qu'on puisse les indemniser du tort que leur causera la destruction de leurs pêcheries.

Cette revue des titres ne dut pas se faire sans difficultés.

Louis Couprie, prévôt avec Gabrielle Corgniet, déclarent devant Mellier n'avoir aucun titre pour la propriété de leurs pêcheries (pont de la Madeleine), au nom de l'Aumônerie de Toussaints, alléguant qu'il y a environ 60 ans le débordement des grandes eaux emporta plusieurs archives[2].

Il y eut des retardataires, et en 1715 le sieur Jacob, fabricien de Saint-Sébastien, fut assigné par le sieur Mellier[3].

Enfin, le règlement de la répartition annuelle de 4512 livres fut définitivement arrêté, et les pêcheries laissèrent libre le passage de l'eau sous les arches.

Les pêcheurs s'établirent désormais à l'ouest, vis-à-vis les piles des ponts.

[1] *Arch. départ.* Arrêt du Conseil d'État du Roi, d'après le procès-verbal dressé par le sieur Mellier, général de la province de Bretagne et les plans et devis de l'ingénieur Thevenon, pour les travaux des arches.

[2] *Arch. dép.* Vertais.

[3] *Ibid.* *ibid.*

En 1789, parmi les observations présentées dans le cahier de la ville, à la demande du roi Louis XVI, observations justes pour la plupart, mais que la Révolution ne voulut pas prendre en considération, nos pères n'oublièrent point de se préoccuper de la question des pêcheries.

Depuis la Révolution, les pêcheurs étaient classés parmi les marins de la flotte française. De nos jours, à Nantes, il suffit d'une demande et d'une redevance pour être pêcheur de profession.

Espérons que l'approfondissement de la Loire, au pont de Pirmil, si la navigation de Nantes à Orléans reprend son essor, contribuera à rendre plus fructueuse la pêche fluviale ; à moins que le mouvement plus considérable de la navigation n'effraye et ne chasse le poisson, ennemi né de notre bruyante industrie.

Nous donnons ici le résumé officiel des diverses pêches usitées en Saint-Sébastien, et aussi le revenu qu'elles produisaient[1].

« La paroisse de Saint-Sébastien fait diverses pêches dans « le cours de l'année, au-dessus des ponts et au bas de la ri- « vière jusqu'à Buzai.

« La première, celle de la lamproie qui commence vers la « fin de janvier et finit vers le 10 mai. Cette pêche occupe « environ 36 toues, avec deux hommes sur chacune, qui sont « employés à placer dans la rivière et à relever environ 1200 « nasses d'osier, depuis le haut de la côte Saint-Sébastien « jusqu'au pont de Pirmil. Quant à la quantité du poisson, il « n'est pas possible de l'évaluer, mais le produit peut s'éva- « luer, année commune, à 25,000 livres. La seconde est celle « du saumon et de l'alose qui commence au mois de mars « et finit à la Saint-Jean. Cette pêche se fait avec la seine le « long de la côte, avec des haveneaux ou carrelets au-dessous « des ponts de Pirmil et de la Madeleine. Elle emploie 15

1 Correspondance ministérielle, cité par M. de la Nicollière, Bulletin archéol., 1er sem. 1896.

« hommes et peut produire, année commune, environ 3,000 « livres. La 3e et la 4e sont celles de l'anguille et du barbil- « lon, qui commencent : la 1re à la Saint-Jean et finit vers le « mois de septembre, la 2e vers la Saint-Barthélemy et finit « à la Toussaint. Ces pêches se font en descendant la rivière, « et avec les mêmes bateaux qui servent à la pêche de la « lamproie ; leur produit s'élève, année commune, à 600 livres. »

. . . .

« Sur le produit de la pêche de la côte Saint-Sébastien, il y « a à déduire 5,400 fr. de ferme payée à la communauté de « la ville, et environ 5,000 fr. pour l'entretien des toues, « nasses, filets et haveneaux. »

Il est un genre de pêche auquel se livrent les habitants voisins de la côte Saint-Sébastien : c'est la pêche de la civelle. Lorsque les légions d'ammocœtes remontent en colonnes serrées le courant du fleuve, tout près du bord, et à fleur d'eau, on voit de nombreux pêcheurs armés de petits haveneaux, remplir en peu de temps des seilles et même des culasses, qu'ils transportent chez eux, en brouette.

Ils graissent leurs champs, avec ce genre de fumier, surtout pour la récolte des pommes de terre. Ils imitent ainsi les gens de la Norwège qui employent le poisson comme engrais ; mais ceux-ci y mettent plus de luxe, car ce sont les harengs qu'ils utilisent de cette façon.

. . . .

Quelques autres ponts. — Pont Rousseau.

1230. — Le seigneur de Rezé cède au prieuré de Pirmil le droit de péage, sur le *pont de Rousseau*.

. . . .

1599. — Dans l'arrêt du Roi, sur le règlement des pêcheries, il est enjoint au prieur de Pirmil et au *comte* de Rezé de relever et d'entretenir le pont Rousseau.

Le comte qui trouvait sans doute la charge trop lourde

s'affranchit de cette obligation, en cédant à la ville tous ses droits sur le pont[1].

Le prieur de Pirmil ne tarda pas à réclamer, à son tour, contre ces charges beaucoup trop lourdes pour une communauté; surtout, quand pour le forcer à remplir ses obligations, on mit la saisie sur les revenus de son prieuré.

Il en appela aux tribunaux, et nous voyons en 1600 une sentence du Présidial, rendue à la requête de Tristan Guillemier, prieur de Pirmil, qui demande la main levée de la saisie des fruits et revenus dudit prieuré, pour servir à la réparation du pont Rousseau.....

. . . .

1643. — (Août)[2]. Le prieur de Pirmil, toujours engagé à faire la moitié des réparations du pont Rousseau, offre à la ville ses droits sur Pirmil, pont Rousseau, et son droit de pêche sur la rivière de Sèvre, sauf à faire pêcher pour lui, en sa présence. La ville accepte, estimant à 40 livres les droits de coutume, et à 32 ceux de pêche : elle ne fut pas longtemps à voir qu'elle ne gagnait rien au marché.

. . . .

La ville qui avait déjà accepté l'abandon des droits du comte de Rezé, moyennant qu'elle se chargeât de la moitié des réparations du pont, à laquelle il était tenu, se trouva donc en possession de tous les droits, mais aussi de toutes les charges du pont Rousseau.

. . . .

1651.— Le pont Rousseau fut mis hors de service par les inondations qui montèrent jusqu'au chœur de l'église des Carmes.

. . . .

1658. — Le pont Rousseau fut reconstruit par la ville, sous la mairie de Pontual, ainsi qu'en faisait foi une inscription gravée sur la pyramide y annexée[3].

. . . .

[1] *Trav.*, III, 129.
[2] *Ibid.*, III. 320.
[3] *Ibid.*, III. çà et là...

1663. — (25 octobre).

Les grandes eaux renversent le pont Rousseau. Aussitôt on établit un passage de bateaux pour le jour et la nuit, à raison d'un tarif, analogue à celui que nous avons déjà cité pour Pirmil. Le passager s'engagea à faire battre tous les pilotis nécessaires au rétablissement du pont[1].

. . . .

1770. — Les inondations détruisent à nouveau le pont Rousseau. L'année suivante, le Roi accorde à la ville le droit d'emprunter 500.000 livres remboursables en 7 ans, pour bâtir le pont. De 1770 à 1778, la ville établit un bac pour passer *gratis*, les voyageurs et les voitures....

. . . .

1776. — Le bac marchait, mais non les travaux. On est obligé de démolir le pont Rousseau qui menaçait le bac, après avoir refusé son service aux piétons, et l'année suivante, on commença enfin les travaux.

. . . .

Vers 1790. — Nouvel ébranlement du pont, et en 1792 nouvelle reconstruction en bois recouvert de pavés.

. . . .

1806. — Réparations du pont Rousseau.

. . . .

1838. — Enfin, il est solidement refait en pierres, tel que nous le voyons aujourd'hui.

Pont de la Gresillière.

Ce pont, ou viaduc, est construit sur la route qui conduit de Saint-Sébastien à Basse-Goulaine, et forme la limite entre Saint-Sébastien et cette paroisse. Ce fut en 1624 que la ville de Nantes le fit construire à ses frais[2].

. . . .

[1] Résumé des annales de Nantes.

[2] *Trav.* III 248.

Portes de la ville de Nantes, en Saint-Sébastien

1680. — Construction de la guérite et de la porte de Dos-d'âne, appelée la porte de l'Espau[1].

. . . .

1684. — Construction de la porte Saint-Louis près Pirmil, sous la mairie de M. Pavillon-Mesnard... Elle se reliait à la citadelle[2].

. . . .

1737. — Démolition de la porte Saint-Jacques, près du chemin de Vertou, aujourd'hui appelé rue Frère Louis[3].

. . . .

Chacune de ces portes, comme toutes les portes de la ville, avait un *portier*. Ce n'était point un simple concierge. Quoique cet emploi fut rétribué, il était considéré comme honorifique, à cause de l'intégrité qu'il supposait dans celui qui en était chargé, surtout en temps de guerre... Aussi le voyons-nous rempli le plus souvent par des gentilshommes.

La ville conjointement avec le château prétendait avoir le droit de nommer les *portiers* de la ville[4].

. . . .

Côte Saint-Sébastien.

L'entrée de la côte Saint-Sébastien était autrefois à l'emplacement du n° 7 de la rue Saint-Jacques ; le quai, à angle droit, qui part de la place Pirmil, n'existait pas encore.

Lorsque le débordement du fleuve ne permettait pas d'y

[1] *Trav.* III, 444.

[2] *Ibid.* III, 441.

[3] En souvenir du religieux de ce nom, frère de Saint-Gabriel (Saint-Laurent-sur-Sèvre) dont la bonté, autant que la science, est connue de tous les Nantais.

[4] D'après *Travers*, II, 334.

aborder, car ce chemin était alors bien plus bas qu'aujourd'hui, on passait par la cour des Esseau dont l'entrée se trouvait à l'emplacement de l'allée qui porte le n° 13, rue Saint-Jacques. Le public peut encore y passer.

Autrefois, de Pirmil à la Greneraie, (point qui délimite l'hospice général, sur la côte) la Loire formait une anse, et les flots battaient le chemin, près des prairies du Prieuré devenu l'hospice général. Pour obvier à l'inconvénient des grandes eaux, on construisit plus tard une petite chaussée appuyée contre le mur de l'hospice.

Enfin, il y a quarante ans environ, l'hospice obtint l'autorisation de tirer, de la Greneraie à Pirmil, une ligne droite qui engloberait, au profit de cet établissement, tout le terrain de l'anse qui formait la rive naturelle.

Les fous *non dangereux* furent, pendant de longues années, employés, sous la surveillance de leurs gardiens, à remblayer avec le sable de la Loire tout ce bas-fond, entre la nouvelle rive rectiligne et le mur de l'hospice ; et, de plus, à dresser une large voie sur le bord de l'eau, à la hauteur agréée par l'administration, au-dessus du niveau ordinaire des marées.

Déjà, leurs devanciers avaient relevé toutes les prairies du prieuré, qui formaient l'estuaire du Douet.

Le chemin, de la Greneraie à la Haute-Martellière, n'existait pas encore ; voici à quelle occasion il fut établi.

Le ministre Billault[1] venait souvent se reposer de ses travaux législatifs *et autres*, à son château de la Grésillière en Basse-Goulaine. Or, il advint, qu'une année, les grandes eaux lui coupant le chemin de la côte, il passa en voiture, par Saint-Jacques et le chemin de Bonne-Garde, afin de gagner la route de Porte-Chaises. Mais, arrivé aux *trois-chemins*, en deçà de la Martellière, il trouva la route étroite, barrée par une énorme charretée de paille, dont il reçut en plein visage, non sans gronder fort, les frôlements peu agréables. « Monsieur le

[1] Né à Vannes en 1805, il fut à Nantes petit avocat, et à Paris, *grand* ministre de Napoléon III.

« ministre, dit quelqu'un, il ne tient qu'à vous d'être plus à « l'aise une autre fois, faites tracer une route, de la Greneraie « à la Haute-Martellière, vous n'avez qu'un mot à dire. »

Le mot tout puissant fut dit, et, dès l'année suivante, se montrait la nouvelle route, à la satisfaction de tout le pays.

En 1894 on releva encore de plusieurs mètres la chaussée de la côte, et l'administration des ponts et chaussées prit possession de la nouvelle grand'route. Elle est à vingt et quelques centimètres au-dessous du niveau atteint par l'inondation de 1866 et en 1897 les eaux la couvrirent; on y batela.

De la Greneraie au chemin de la fonderie, le relèvement de la côte, pour faire suite à celui dont nous venons de parler, ne fut continué qu'en 1897 et achevé en 1898.

. . . .

Ports situés en Saint-Sébastien.

Ces petits ports étaient des échancrures faites au rivage, avec quai et cale en pierres, qui permettaient aux bateaux d'accoster, pour débarquer, avec une profondeur d'eau convenable.

Le port Cassard.

Nous sommes heureux de signaler ici que nos pères n'avaient point oublié le nom de l'intrépide *corsaire*[1] nantais Cassard, qui fut la terreur des Anglais, et le type, un peu rude il est vrai, de la fierté bretonne.

Le petit port appelé de son nom, se voit encore, entre le pont de Pirmil et l'embouchure de la Sèvre, près de l'établissement de M. Desbois, intelligent industriel estimé de tous, propriétaire des maisons situées de chaque côté de l'échancrure qui formait le port. Dans la maison de l'angle, entre le

[1] Le mot *corsaire*, bien porté alors, n'avait point la signification infamante qu'on lui a donnée depuis. A Nantes la famille Pineau a la gloire de descendre de Cassard.

port Cassard et la rue Dos-d'âne, s'aperçoit encore une cheminée monumentale. Cette demeure abritait sans doute quelque riche négociant ou armateur des siècles derniers.

C'est au port Cassard qu'abordaient, plusieurs fois la semaine, des bateaux chargés de coquillages, pour l'approvisionnement du faubourg et des environs. Qu'on nous permette de rappeler un usage dont un des héros encore vivant nous a raconté les détails vraiment typiques.

Quand il arrivait des coquillages, les garçonnets du quartier, deux à deux, portaient un panier qu'au bateau, on avait rempli de moules et le promenaient dans les rues, en criant, sur une mélodie primitive de leur façon :

A trois sous la mannée de *mouques*,
Au port Cassard, dans une chaloupe.

Ils donnaient à goûter, à qui en voulait, et après une dégustation satisfaisante, les acheteurs allaient faire emplette au port Cassard.

Chaque crieur recevait une rémunération de deux sous.

Le port Sablé.

Il est encore reconnaissable, près de chez M. Desbois, non loin du port Cassard, en allant vers la Sèvre.

Magasins servant d'entrepôts

La concentration des débarquements de navires, aux Salorges, ne remonte qu'à 1750 environ, quand Graslin créa le haut quartier de Nantes qui porte son nom. Avant cette époque, existaient, à l'entour des petits ports mentionnés plus haut, des magasins ou entrepôts de marchandises.

L'un d'eux était situé près du port Sablé.

Sur la côte Saint-Sébastien, un peu avant le bureau de l'octroi, un autre se voit encore. En grande partie démoli ou masqué, il conserve une surface respectable. Sa voûte est en pierres et très bien faite. La grande porte d'entrée donne sur la côte, c'est aujourd'hui une vaste écurie.

Quelques pas plus loin, un peu en retrait, un troisième bien conservé sert de maison d'habitation à plusieurs familles.

Un quatrième était dans le chemin de Vertou rue (Frère Louis) près de l'octroi, dans la propriété de la Piaudière; il existe encore à l'état de cave.

Enfin un cinquième, entièrement disparu, était sur l'em placement de la propriété de M. Leblanc, dans la rue Frère-Louis, plus près de la place Saint-Jacques.

VII

Prieuré de Pirmil.

Origines. — Chapelle. — Fonctions hospitalières et spirituelles. — Vicaires résidants. -- Décadence. — Religieux de Saint-Maur. — Restauration. — Revenus et charges. — Période révolutonnaire. — Spoliation.

Origines.

Sans en préciser l'époque, Travers pense que la communauté de Saint-Jacques avait été fondée par un seigneur anglais, parce que le nom de Saint-James[1] est donné à la chapelle conventuelle de Pirmil.

Dans un passage tiré des titres de la paroisse de Saint-Nicolas, il est dit que « Pierre Drouet en 1472, parmi les 400 « messes qu'il demandait après sa mort, en voulait 100, en « l'église de Saint-James de Pirmil, où étaient ses prédé- « cesseurs enterrés ».

Nous retenons la date de cet acte, 1472, mais, nous ne croyons pas trouver là une preuve que la fondation soit due à un seigneur anglais.

[1] *James* veux dire *Jacques*, en anglais.

Dom Lobineau se contente de dire.[1] « Le prieuré de Saint-« Jacques de Pirmil, dont la date de fondation n'est pas « connue, remontait à une époque antérieure au XIII siècle. »

Dans un accord de Pont-Rousseau (en 1643) entre la mairie de Nantes et le prieur de Pirmil, il est dit formellement que « le prieuré est fondé d'antiquité par les ducs de Bretagne ».

Nous nous en tenons-là, sauf meilleure preuve

Il paraît difficile d'établir à quelle époque le prieuré de Pirmil devint le suffragant de l'abbé de Saint-Jouin de Marne[2].

Les écrits de cette abbaye ont entièrement disparu et c'est là seulement qu'on aurait pu trouver la vérité[3].

Nous demeurons donc incertains entre l'opinion qui fait le Prieuré de Saint-Jacques suffragant de Saint-Jouin de Marne au IX siècle et l'assertion d'Ogée qui dans son dictionnaire parle d'une enquête de 1206, où le prieuré de Pirmil est mentionné comme une dépendance de l'abbaye de Vertou. Peut-être lui était-il lié, seulement comme annexe ?

Chapelle du Prieuré.

La chapelle des bénédictins du prieuré de Pirmil, aujourd'hui l'église paroissiale, a été bâtie, au témoignage des savants, entre le XIe et le XIIe siècle, probablement sur les ruines d'une autre plus-ancienne. Ce qui le donne à penser, c'est que, en 1842 et 1850, quand on démolit un contre-mur élevé en 1484, en avant des parties conservées de l'ancienne construction, on trouva des restes de constructions romanes.

Quoi qu'il en soit, « le millésime 1180, tracé au-dessus de la

[1] Dom Lobineau, *Hist. de Bretagne*, vI. 611.

[2] Cette abbaye appelée *Sancti Jovini Marnense vel de Marnis, vel Hensionense, vel ensionense monastèrium*, est située, près de la ville de *Marne*, non loin de Thouars, entre deux rivières : le Poué et la Dive qui se jettent dans la Loire. Fondée vers 500. *Annales bénédictines*.

[3] M. Léon Maître a vu quelques débris qui restent du cartulaire de Saint-Jouin, et atteste qu'ils sont informes et inserviables.

« grande arcade de l'entrée du chœur, en raison des chiffres « arabes qui le composent, et qui ne furent employés que « plus tard pour les suscriptions monumentales, peut laisser « matière à quelque doute.[1] » En 1484 l'évêque de Dol, Thomas James restaura l'église qui tombait de vétusté. Les armes de ce prélat furent mises au-dessus de la porte avec cette inscription en lettres capitales :

RDUS IN XTO PR DNS THOMAS EPS
DOLEN PRIOR PERPETUS COMEDA
TARIUS S. JAC. A. HAC ÆCLA PROPE
DIEM. PENE COLABEDA
SUMA DILIGIA ET IMPENSA
A FUNDAMENTIS RESTITUIT
ANNO SALUTIS MCCCC IIII IIII[2]

Voici la traduction :

« Le Révérend Père et seigneur en Jésus-Christ, Thomas, « évêque de Dol, prieur perpétuel commendataire de Saint- « Jacques apôtre, a relevé depuis les fondations, à grands soins « et à grands frais, cette église qui d'un jour à l'autre allait « tomber. L'an du salut 1484. »

Est-il vrai que l'église fut alors entièrement rebâtie par Thomas de Dol ? Nous ne le croyons pas, ou alors il faudrait supposer que, désireux de refaire l'église romane telle qu'elle avait été auparavant, opinion que n'autorise aucun document, il fit un miracle d'habileté et de somptuosité, en bâtissant, avec des ouvriers du XVe siècle, un monument d'une architecture appartenant complètement au XIIe siècle.

On doit conclure qu'il *releva à partir des fondations*, un mur et, peut-être, plusieurs parties de mur, sans refaire la façade ni les voûtes et pleins cintres qui accusent infaillible. ment la structure du *style de transition*.

[1] Note de M. l'abbé Vié, curé de Saint-Jacques.
[2] Dict. d'Ogée, art. *Saint-Sébastien*.

Fonctions hospitalières et spirituelles des moines.

Il paraît certain, d'après les usages anciens, que le prieuré de Pirmil eut tout d'abord pour mission de servir d'hôtellerie.

Laissons la parole à M. Léon Maître.

« Je crois, dit-il[1], que les moines de Pirmil ont été appelés, « dans le principe, pour assister les nombreux voyageurs « qui en tout temps affluaient sur la rive gauche de la Loire. « Les ponts de Nantes ont été jusqu'à notre époque le pas- « sage le plus commode et le plus sûr pour se rendre de « Vendée en Bretagne. Plusieurs routes viennent y aboutir à « chacune de leurs extrémités, il n'est donc pas admissible « que Pirmil ait été dépourvu d'une aumônerie. Cet endroit « présente de grands avantages et sa salubrité est telle qu'on « l'a choisi de nos jours : (en 1836) pour y fonder un hospice « général. »

Ces réflexions militent également en faveur du lieu choisi pour établir la citadelle de Pirmil.

En 1684, nous trouvons, au livre des Procès-verbaux des visites pastorales, une preuve que ces fonctions hospitalières existaient depuis longtemps, et qu'elles étaient une des principales attributions des moines :

« Le Prieuré est chargé de l'office canonial et de donner le « pain de.. (illisible) septiers de bled, seigle, aux pauvres de « la paroisse et autres, s'il y en a à suffire, lequel le paye à « présent, au bureau de la charité, établi audit Pirmil, possédé en commande par le sieur de Bezons »

A cause de l'agglomération croissante de la population et de l'éloignement de l'église paroissiale, le Prieuré fut chargé de la partie du service religieux, dévolu ordinairement aux succursales, et la chapelle fut, en conséquence, pourvue des appropriations que ces fonctions rendent nécessaires.

[1] *Assistance publique de la Loire-Inférieure avant 1789*, p. 267.

Il y avait des fonts baptismaux devant l'autel de Saint-Crespin, presque au milieu du bras de croix sud-ouest.

Ils étaient en granit, ainsi que les degrés qui les contournaient. Ogée dans son dictionnaire en parle avec éloge.

Il n'en reste aucun vestige.

Quelques débris de vitraux appartenant aux fonts baptismaux se voyaient encore à la fenêtre du transept, avant la Révolution[1].

Il y avait trois petits cimetières où se faisaient les inhumations.

L'un occupait une partie de la place Saint-Jacques, devant l'église, et s'étendait sur le périmètre de la maison Vouverve; un autre, le long de la façade latérale de l'église, au côté sud entre le mur latéral de l'église et la route de Clisson ; un troisième était à l'entrée du chemin de Vertou (rue Frère Louis) sur l'espace occupé depuis par l'école de Charité pour les petites filles, avant son transfert de l'autre côté de la rue.

En 1684, le cimetière le plus éloigné de l'église servait seulement pour les enfants morts sans baptême[2].

Lors de la visite pastorale de 1684, voici quel était l'état du personnel des moines. « Dom Rév. Maurice Battaille se disant « sous-prieur et sacriste... p. (prêtre). Dom Rév. Pierre « Leroux qui se dit être ancien religieux de la maison de « Vertou et en ce lieu par obédience. Dom Rév. (illisible) « Vignancour novice, qui ayant paru à la visite, en habit « court et grande perruque, le susdit sous-prieur nous aurait « déclaré qu'il ne demeurait pas régulièrement dans le « prieuré, mais la plupart du temps dans le bourg de Pirmil. « A l'endroit, a été déclaré qu'il y avait d'ordinaire quatre « religieux audit Prieuré, pour en acquitter les charges, et qu'il « n'y en aurait plus que trois. A l'endroit a été déclaré que les « susdits religieux ne font plus que psalmodier les matines « et qu'ils ne chantent plus les petits offices, et qu'en un mot

[1] Note de M. Vie, curé de Saint-Jacques.

[2] Arch. départ. Procès-verbaux des visites pastorales

« ils ne chantent plus que les grand'messes, vêpres et « complies. »

Évidemment, il y avait décadence, ce qui explique la transformation que nous constaterons dans le personnel du Prieuré.

Les moines chantaient tous les jours leur grand'messe à 11 h., les vêpres à 3 heures, les complies à 7 heures.

Depuis M. Langlois, les complies furent toujours suivies de la prière du soir, excellente pratique qui se continue de nos jours[1].

C'étaient les moines qui faisaient l'office du Saint-Sacrement, la procession et le salut ; à cette époque seulement ils donnaient le salut.

Les dimanches et jeudis on chantait la messe du Saint-Sacrement et on donnait le salut, à l'issue des vêpres de la communauté.

La procession solennelle du Saint-Sacrement avait pour stations : la chapelle de Bonne-Garde, la chapelle des Filles de la Sagesse, en Dos-d'âne ; puis deux reposoirs : l'un sur la place Pirmil, et l'autre aux Récollets.

Les moines faisaient aussi les processions des Rogations dont chacune avait son parcours déterminé[2].

Vicaires résidants.

En 1684, il y avait à Pirmil deux vicaires résidants, cinq prêtres et un diacre. Les vicaires résidants desservaient pour le spirituel, le quartier de Pirmil peuplé dès lors, en grande partie, de tisserands attirés en ce lieu, par l'attrait des franchises et immunités dont ils jouissaient sous le patronage des moines, seigneurs du faubourg.

Les principales fonctions des vicaires résidants, étaient : la célébration de l'office divin, le dimanche, à l'autel placé dans la grotte du bras de croix (est), appelé l'autel de Notre-

[1] Résumé des notes de M. Vié, ancien curé de Saint-Jacques.

[2] Notes de M. Vié.

Dame-de-Vie; l'administration du sacrement de baptême, l'instruction des enfants du catéchisme, la présidence et célébration des sépultures.

Les mariages et premières communions avaient lieu dans l'église paroissiale de Saint-Sébastien.

Ils jouissaient de plusieurs bénéfices peu considérables situés dans la rue Saint-Jacques[1].

Décadence du Prieuré.

En 1684 le Prieuré tombe en ruines. On voyait encore les restes d'un cloître dans la cour. La maison à laquelle il était attaché, avait ses murs lézardés, une toiture pourrie et tombante. Les fenêtres étaient sans croisées et sans vitres. Cependant le logement du sous-prieur et des autres religieux était mieux entretenu, quoique les places fussent décarrelées[2].

Religieux de Saint-Maur.

En 1684, Claude Bazin de Bezons, conseiller et aumônier du roi, *hault justicier* du prieuré, *provost de Guérande*, voulut avoir la succession de J.-B. Bazin de Bezons, abbé de Resson, qui venait de mourir prieur de Pirmil.

Après beaucoup d'efforts inutiles près de Rome et du Parlement, il se vit nommer évêque d'Aire.

Il y eut un compromis entre lui et l'abbé de Saint-Jouin de Marne qui nomma prieur de Pirmil J.-B.-Pierre Guillon, prêtre religieux profès de la congrégation de Saint-Maur.

1693. 27 décembre. — Le *maire perpétuel* du Port de la Vigne et les échevins de la ville délibèrent sur la demande faite par les religieux de la congrégation de Saint-Maur,

1 D'après les actes capitulaires du Prieuré.

2 *Ibidem*.

établis à *Blanche-Couronne* près Savenay, depuis peu d'années, de s'installer dans un faubourg de la ville[1].

Le conseil consent à ce qu'ils s'établissent au seul prieuré de Pirmil, pour remplir les stalles des quatre religieux non réformés qu'ils supposent vacantes, bien que par le fait, elles ne le soient pas... à condition qu'ils ne s'étendront pas davantage et qu'ils n'enseigneront pas la grammaire aux séculiers.

. . . .

1694. 19 mars. — Inventaire des papiers du prieuré, en présence du R. P. Dom Louis Le Maignen, prieur de Saint-Martin de Vertou, en l'absence de Dom Guyon, prieur de Pirmil.

. . . .

1695. 1er novembre. — Prise de possession du prieuré de Pirmil par les religieux bénédictins réformés de Saint-Maur, au nom du R. P. J.-B. Guyon.

. . . .

1696. 19 novembre. — Le R. P. Hardouineau établit l'observance régulière. Il rappelle que la congrégation de Saint-Maur a pris possession le 1er novembre 1695.

. . . .

1699. Juillet. — Le R. P. Dom Gilles Drouet, nommé prieur de Pirmil par le chapitre général de l'Ordre, tenu à Marmoustiers le 10 juin, est institué dans la manière ordinaire et reçoit l'obédience de tous les Frères.

. . . .

1703. 22 janvier. Dom Gilles Drouet exprime le désir qu'on fasse au prieuré de grandes réparations et appropriations afin d'y établir la vie religieuse dans toute son étendue. Il rappelle au chapitre, qu'après avoir échoué dans le désir de s'établir à Nantes, leur congrégation a pris possession à Pirmil, sous le titre de *prieuré* au nom du R. P. Dom J.-B. Guyon[2].

. . . .

[1] Les religieux de Blanche-Couronne songeaient depuis quelques années à venir à Nantes, à cause du mauvais état dans lequel était leur maison, sous tous les rapports.

[2] Actes capitulaires du prieuré.

On peut déduire de ce qui précède plusieurs réflexions. Les religieux réformés de Saint-Maur voulaient s'établir ailleurs qu'à Pirmil ; ils acceptent à contre-cœur cette résidence, *la seule* que leur offre la ville ; enfin, ils ne se décident à faire des réparations, que huit ans après, quand ils voient qu'il leur faut y demeurer.

Restauration du Prieuré.

1706. Septembre. — Pour se procurer les ressources nécessaires à la réalisation du projet de restauration, le prieur propose d'étendre le titre collectif de prieuré, et de réunir à la mense de leur couvent les revenus et droits de seigneurie.

. . . .

1707. 2 mai. — Le roi accorde des lettres patentes pour la réunion.

. . . .

1711. — Nomination du prieur Dom Etienne Deschamps. Il s'entend avec deux entrepreneurs de Saumur : Etienne Gasnier et Jean Biermant, alors occupés à construire la grande arche du pont de Pirmil. Voici les conditions du marché :

Les entrepreneurs demandent la somme de 4200 livres, pour la façon des gros murs de face et de refend, des naissances des voûtes et des cheminées, à condition qu'on leur fournira les échafaudages et les matériaux sur les lieux, et qu'on nourrira les entrepreneurs, pendant qu'ils feront travailler au bâtiment qu'ils s'obligent d'achever dans deux ans. La somme d'argent demandée devait se payer en quatre termes : mille livres, en commençant ; mille livres, six mois après ; mille livres, après dix huit mois, et les mille deux cents livres de reste, à la fin de l'ouvrage[1].

Les entrepreneurs furent fidèles aux conditions du marché, car, deux ans après, en 1713, nous voyons les religieux de

[1] Actes capitulaires du prieuré.

Pirmil s'occuper de la toiture du nouveau bâtiment[1] et de l'achèvement des voûtes du cloître.

. . . .

Voici les emprunts contractés par les prieurs de Pirmil, pour acquitter les frais des constructions et réparations.

1716. 29 août. — Les calvairiennes de Nantes prêtent pour la seconde fois 1,000 liv. à cause du refus du monastère du Mont-Saint-Michel d'accorder les 1,000 liv. votées, à leur charge, par la diète de l'ordre.

Les sœurs de Savenay prêtèrent 2,000 liv.

Une demoiselle Marguerite Aubron avait donné 1,000 liv. et M. Guillaume Le Hir, 1,000 liv.

Les religieux trouvent à emprunter 5,000 liv. moyennant 200 liv. de rentes, puis 3,000 autres livres.

En 1720, les religieux contractent une troisième dette sans intérêts, pour acquitter les autres.

En 1753, les religieuses de Savenay prêtent encore 1,200 l.

L'hôpital de Pornic, en 1754 et 1755 prête aussi 8,000 liv.

En 1766, les Carmes de Nantes avancent 1,000 liv.

Ce ne fut qu'en 1767 que le monastère put déclarer qu'il n'avait plus de dettes[2].

. . . .

1729. — Le roi défend aux religieux qui adhèrent à Monseigneur de Senez, *Janséniste*, de figurer à la diète de l'ordre, tenue à Marmoustiers. Dom René Caro se démet de la charge de prieur, à cette occasion.

. . . .

Malgré les désordres du règne de Louis XV, l'autorité *civile* veillait encore à l'intégrité de la foi catholique.

1782. 23 mars. — Les religieux s'appuyant sur le droit de

. . . .

[1] Ce bâtiment existe encore, près de l'église, dans l'hospice. Il forme une équerre à laquelle fut ajouté au commencement de ce siècle, un troisième côté. De légères différences, dans l'exécution de la corniche, font reconnaître cette construction plus récente.

[2] Actes capitulaires du Prieuré, çà et là.

juridiction qu'ils possédaient sur tout le fief de Pirmil, mettent opposition à des travaux que la ville de Nantes voulait exécuter sur le terrain de cette juridiction.[1]

Ils sont déboutés.

. . . .

Revenus et charges du Prieuré en 1787.

Voici quel était l'état des finances du Prieuré de Pirmil.

Rentes du Prieuré	. . . . .	2.909 liv.	
— en Vertou	. . . . .	1.070	
— en Rezay	. . . . . .	362	12 s.
— du Prieuré de Maisdon	.	1.900	
Total	. . .	6.241	12 s

Charges du Prieuré.

Pour l'abbaye de Saint-Jouin. .	16 liv.	
— de Saint-Florent .	12	
— les décimes.	1.093	14 s.
— frais de poursuites . . .	200	
— de sacristie	250	
Réparations..., église, métairies..	700 liv.	
Dessertes, prieuré de Maisdon. .	33	
Médecins	250	
Aumônes, sans compter le blé.	150	
5 domestiques	690	
Taxes annuelles imposées par les supérieurs pour l'entretien général.	420	
	3.814 l.	14 s.

[1] Archives de la Mairie

Plus 27 septiers de seigle pour distribuer à la porte du monastère, les jours de la Pentecôte et de Saint Jean-Baptiste. . .

RECETTES. .	6.241 l.	12 s.
DÉPENSES. .	3.814	14
AVOIR. . .	2.427[1]	

. . . .

Période révolutionnaire.

Cependant, le mouvement révolutionnaire s'accentuait. Il fallait réformer tout, d'après les idées nouvelles.

Une assemblée nationale allait être nommée, pour discuter et régler les affaires publiques.

Afin de ménager les susceptibilités, plus, peut-être, que par esprit de justice, on voulait que les religieux prissent part au vote comme les autres citoyens.

C'est pour cette raison que le prieur Sébastien Bonnard, fut délégué le 1er avril 1789 à l'assemblée *diocésaine*, composée de 40 membres, qui devait élire les députés de l'assemblée *nationale*[2]. Cette élection partielle eut lieu aux Jacobins de Nantes, les 2 et 3 avril. Le prieur prêta serment, et, par cet acte, porta le dernier coup, semblerait-il, à son monastère de Pirmil, car, il en fut le dernier dignitaire[3].

. . . .

1790. 17 juillet. — La mairie de Nantes offre d'acquérir du gouvernement les « biens dépendants des bénédictins, à « Saint-Jacques ; vignes et prés en Saint-Sébastien ; et deux « grandes pièces de vigne en Vertou, pour 128.000 livres sur « la valeur réelle 138.000 livres... »

Il paraît que l'affaire n'eut pas de suite, car, nous voyons, le 15 décembre 1790, le détail d'une nouvelle estimation de ces biens de la communauté de Pirmil.

[1] Actes capit. du Prieuré.
[2] C'était le suffrage *au second degré*.
[3] Il mourut à Nantes, dans la paroisse de Saint-Similien.

L'église et les trois cimetières contenant ensemble 13.406 pieds carrés, estimés, avec la sacristie.	7.400 liv.
La maison principale avec la cour, la basse-cour, jardin, contenant 134.244 pieds carrés, estimés	20.000
Deux prairies contenant ensemble 11 journaux, 71 cordes, estimés.	9.504
Et le revenu 432 livres. TOTAL. . .	36.904 liv.

Cette dernière estimation bien au-dessous de la vérité, n'excita pas la convoitise de nos pères, ce qui leur fait grand honneur.

Ce ne fut qu'en 1791 le 23 mai, que ces biens, sauf l'église, les cimetières et la sacristie, furent vendus pour la somme de 60.100 livres. Il est vrai que l'acquéreur peu délicat s'empara, sans les payer, de la sacristie et de deux cimetières, le troisième étant devenu la place publique. Mais il y eut réclamation ; et, les héritiers furent contraints en 1808, de restituer ces biens et de donner un dédommagement.

. . . .

1791. 25 mai. — L'église Saint-Jacques, ancienne chapelle du Prieuré, est déclarée église paroissiale, et on arrête l'achat d'une maison curiale.

. . . .

Le 29 mai suivant, les *officiers municipaux* reçoivent le *serment* du curé de Saint-Jacques nommé Tiret. Voici, d'après le procès-verbal officiel, comment se fit l'installation de cet *intrus*, qui, grâce à la prestation du serment, continua d'exercer les fonctions sacrées. pendant les troubles révolutionnaires.

N'oublions pas que, six jours auparavant, les biens du Prieuré, ont été vendus et aliénés, sauf l'église, qui, seule demeura en dehors de la vente, et servit *au curé constitutionnel.*

« **En 1791, le dimanche 29** mai, fut installé curé cons-

« titutionnel de Saint-Jacques, Julien-Donatien Tiret, élu par « le corps électoral du district de Nantes, le 15 février 1791. « L'évêque Minée lui donna la (prétendue) institution canonique.

« Les officiers municipaux lurent dans l'église ces deux « pièces officielles (nomination et institution canonique) et « le sieur Tiret fit ensuite le serment. Il annonça aux fidèles « que Jean-Pierre Botteau prêtre, devenait son premier « vicaire. Celui-ci, alors levant la main prêta le serment. »

Tiret chanta la grand'messe à la fin de laquelle il prononça un discours, où ont éclaté les sentiments religieux et patriotiques[1]. C'est passablement burlesque...

Spoliation.

1792. 16 octobre. — Un citoyen est nommé par la municipalité pour aller faire l'inventaire à Saint-Jacques, conformément aux décrets de l'assemblée du 19 octobre 1790 et du 3 mars 1791, déclarant « qu'il sera fait inventaire de l'ar- « genterie des églises et que tout ce qui sera regardé comme « inutile, sera envoyé aux monnaies. »

Le 17 octobre le curé intrus le reçoit et déclare que l'argenterie provient de la communauté des Bénédictins et des Récollets.

Il était laissé pour le service de la paroisse : un ostensoir, un ciboire, deux calices d'argent, dont un doré, une custode. L'inventaire comprenait : une croix de procession d'argent, et son bâton, un bénitier et son goupillon, deux encensoirs, deux navettes et une cuiller, deux paires de burettes et un bassin.

. . . .

1792. 27 septembre. — La municipalité ordonne que les scellés soient mis dans les couvents le 1er octobre suivant, et, qu'on fasse exactement la liste des religieux et religieuses, de leur âge, de leur pension.

. . . .

[1] Papiers de M. Vié, curé de Saint-Jacques.

1793. 29 décembre. — Le citoyen.... est nommé par le Directoire pour aller enlever à l'église Saint-Jacques les vases sacrés et prendre le compte des ornements et *des effets* [1]

. . . .

La Révolution suit toujours le même programme. N'est-il pas vrai qu'en 1880, on a mis sous scellés les chapelles des religieux? N'est-il pas vrai que depuis lors, on a dressé la liste de tous les religieux et religieuses ? N'est-il pas vrai qu'aujourd'hui, on veut prendre leurs biens, sous le prétexte d'un impôt habilement calculé, véritable loi d'exception, au refus duquel, se lanceront sur ces maisons : huissiers, commissaires-priseurs, acquéreurs véreux ?

VIII

Confréries

Confrérie de Notre-Dame-de-Vie. — Confrérie des Cordonniers. — Confrérie des Tisserands. — Confrérie de la Sainte-Trinité. — Usages. — Fondations.

Plusieurs confréries eurent pour siège le Prieuré de Pirmil. Nous disons un mot de chacune d'elles.

Confrérie de Notre-Dame-de-Vie.

Cette confrérie était fort ancienne. Aucun manuscrit ne nous en donne l'origine.

Les statuts de 1446 disent que la confrérie a été fondée au Prieuré de Saint-Jacques, avec le consentement et la permission du prieur, sans dire que ce fut à ce moment qu'elle fut établie. Elle subsista jusqu'à la Révolution.

. . . .

1527. 15 juin. — Des lettres du pape Léon X, en date du 10 février 1526, furent délivrées à la confrérie.

. . . .

[1] Arch. de la Mairie.

1537. 16 juin. — Des lettres patentes du roi François Ier sont mentionnées.

. . . .

Nous trouvons des indications précises sur la vie et le fonctionnement de cette célèbre confrérie, dans le livre des procès-verbaux des visites pastorales ; les voici intégralement reproduites.

« Le nombre des confrères est d'environ 800[1].

« La confrérie est chargée de donner chaque an, une pièce « de pain bénit à chaque confrère, et de faire célébrer à « l'autel de la Vierge, sis en la nef de la dite église, trois « messes par semaine, deux chantées tous les lundis et « samedis, et une à basse voix, tous les jeudis, pour la rétri- « bution desquelles les provosts payent aux prestres qui les « servent tour-à-tour : 90 livres.

« De plus, elle fait célébrer au dit autel, un service de trois « messes chantées, à la mort de chacun des confrères, pour « lequel les provosts payent un écu aux prestres.

« ..... Pour l'acquit des saluts aux jours d'indulgences « accordées par le Pape : la Mi-Août, l'Annonciation, la « Conception, la Purification de la sainte Vierge, les moines « refusent le grand autel, et permettent qu'on expose le Saint- « Sacrement à l'autel de la sainte Vierge[2] »

Nous pourrions citer par le menu tous les détails qui se rapportent au côté financier, pour l'acquit de ces fondations ; mais cela n'intéresserait que médiocrement le lecteur. Nous nous contenterons de rappeler les noms des fondateurs, qui sont encore portés honorablement par leurs arrière-neveux.

On y voit figurer :

— Magdeleine Bureau : deux messes à la sainte Vierge, mercredi et vendredi ; rente de la maison en pierres, rue Saint-Jacques, appelée le *Pigeon blanc*.

[1] Nous avons vu et feuilleté, aux archives départementales, un énorme in-folio contenant, par année, les noms des associés, de 1776 à 1790.

[2] Arch. départ. procès-verbaux des visites pastorales.

— Mre Thebault Davy, prestre : 1 messe à la sainte Vierge, tous les vendredis, dimanches et jeudis.

— Catherine Trochu : une messe le dimanche, à Notre-Dame-de-Vie.

— Honorable femme Sébastien Le Gué : messe tous les samedis, au même autel.

— Julienne Meneult : une messe tous les samedis, à Notre-Dame, rentes d'une pièce de terre, appelée Notre-Dame, située à la Jaunais.

— Guillaume Couillaud et Anne Coucaud sa femme : messe tous les mercredis et vendredis, à l'autel de Notre-Dame.

— Jean Papin et Anne Cercler : une messe par semaine, à jour libre, à Notre-Dame-de-Vie.

— Laurence Blot : messe du Saint Sacrement.

— Marguerite Papin : messe du dimanche.

Il y avait trois prévôts chargés de gérer les fonds de la Confrérie. Ils ne se souciaient pas toujours de rendre leurs comptes à l'évêché, comme les y astreignaient les règlements. Ils avaient pour excuse, disaient-ils, la négligence des quêteurs qui ne réglaient pas avec exactitude le produit de leurs quêtes.

Aussi, voyons-nous en 1684 l'autorité diocésaine les rappeler à l'ordre.

Elle examina les comptes, fit payer les dettes aux prévôts en charge ; et obligea sous des peines graves, les quêteurs, à informer, chaque dimanche, les prévôts en charge, des sommes reçues par eux. Ceux qui rendirent leurs comptes, en cette occasion, furent : Jean Forget, Julien Riou, la veuve Pierre Douaud, prévôts de 1681-1682, et : Pierre Lelièvre, Ollivier Gerard, Donatien Aubin, fabriciens en 1682 et 1683. Les prévôts en charge étaient : Mathurin Berthelot, Jacques de Chaille et Jean Corgniet[1].

. . . .

[1] Résumé des procès-verbaux des visites pastorales. Arch. dép.

1696. 22 mars. — Une contestation, s'éleva entre le curé de Saint-Sébastien et les religieux de Pirmil, qui soutenaient être les seuls supérieurs de la confrérie. Le Parlement de Bretagne, dont les moines avaient invoqué l'autorité, avait en 1663, 1668 et 1669, rendu trois arrêts en leur faveur.[1]

. . . .

Autres temps, autres mœurs !

. . . .

1741. 17 juin. — L'évêque de Nantes porte un décret *de Confirmation et renouvellement* de la Confrérie et de ses statuts.[2]

Le 12 juillet suivant, ce décret est inscrit au greffe.

. . . .

Confrérie des Cordonniers.

Le corps des cordonniers faisait, chaque année, célébrer une messe solennelle, à l'autel de Saint-Crespin et Saint Crespinien leurs Patrons. C'était l'autel latéral qui servait plus spécialement d'autel paroissial. Le saint Sacrement y était conservé et l'on y donnait la sainte communion. Là aussi communiaient, pour accomplir le devoir pascal, les infirmes qui ne pouvaient se rendre à l'église paroissiale de Saint-Sébastien.

La confrérie de Saint-Crespin de Pirmil a l'honneur de figurer, en 1545, sur la liste des confréries de Nantes, que l'on met à contribution pour subvenir aux besoins des victimes des calamités publiques.[3]

Confrérie des Tisserands.

Cette confrérie était sous le patronage de Saint-Bonaventure.

L'autel de Saint-Bonaventure était adossé au mur, entre le pilier de l'entrée du chœur et la grotte de la chapelle de Notre-Dame de Vie, et entouré d'une grille.[4]

[1] [2] [3] [4] Notes de M. Vié, curé de Saint-Jacques.

Au-dessus de l'autel était la statue du Patron de la confrérie, vêtu en cardinal.

Cette corporation était privilégiée. Ceux qui en faisaient partie habitaient, presque tous, aux environs de l'église. On ne connaît pas l'origine de cette confrérie qui était, du reste, fort ancienne. Elle a cessé d'exister à notre époque, quand le travail manuel des tisserands a été remplacé par les machines à tisser, et que, par le fait, il n'y a plus eu de tisserands, mais seulement des filatures.

. . . .

Toutes ces corporations ont, pour la plupart, été supprimées par le niveau révolutionnaire.

Qu'avaient donc de menaçant pour l'État, pour la société, ces nombreux *corps de métiers* qui couvraient autrefois le sol de la France ?

On les a fait disparaître, leur a-t-on substitué quelque institution meilleure ? On parle des syndicats ; présentent-ils les mêmes garanties de justice et de moralité? — Non, parce qu'ils n'ont pas pour base, les assises de toute justice et de toute morale : la religion.

Confrérie de la Sainte-Trinité.

Erigée avec la permission et l'approbation de l'évêque de Nantes, cette confrérie avait pour siège la chapelle de Notre-Dame de Bonne-Garde. Aux fêtes de la Sainte-Trinité, de la Nativité, de la Présentation de la Sainte Vierge, de Sainte Anne et de Sainte Barbe, le Saint Sacrement était exposé dans la chapelle, pour les confrères de la Sainte Trinité.

Tous les dimanches, après la grand'messe et tous les premiers jeudis de chaque mois, la confrérie faisait célébrer une messe basse, avec obligation, pour le prêtre, de réciter, à genoux et à voix basse, les litanies du Saint Nom de Jésus, avant de commencer la messe[1]. En 1684, la sœur Marie de

[1] Arch. dép. visites pastorales.

Bonne-Garde[1] se plaignit amèrement au grand vicaire, alors, en visite pastorale, de la mauvaise gestion des fonds de la chapelle, par les prévots de la confrérie de la Sainte Trinité, « qui percevaient, outre les revenus de la confrérie et du « tronc de la chapelle, les offrandes faites en la chapelle, qui « allaient à des sommes considérables, qu'ils employaient à « d'autres usages qu'à l'entretien et augmentation de la cha- « pelle, et entr'autres à faire de bonne chère ». Cette fille dévouée en était réduite à blanchir et à fournir le linge, à ses dépens et avec le secours de petites offrandes qu'elle recevait dans ce but.

« Sur quoi, le recteur et quelques prêtres présents auraient « avoué que ce que la sœur avait dit était vrai.... » [2]

IX

Vertais.

Quartier de Vertais — Chronique des faits. — Couvent des Récollets. — Cœur d'Hercule de Rohan. — Spoliation. — Club des Récollets.

Quartier de Vertais.

Les îles de Vertais, de Petite-Biesse et Grand'Biesse, reliées maintenant par des ponts, et ne faisant qu'une ligne continue d'habitations, furent pendant de longs siècles, des îles à peu près désertes.

Au IXe et au Xe siècle, elles servent plusieurs fois de retraite aux pillards normands, devenus maîtres du cours de la Basse-Loire.

Le quartier de Vertais ou *Vretais*, grâce, sans doute, à son voisinage de Pirmil, devint une agglomération importante et porta le titre de *Seigneurie*.

[1] Une notice sur la chapelle de Bonne-Garde a été publiée par M. l'abbé Grégoire.

[2] Visites past .. Arch. dép.

En 1380 Hervé de Volvire est seigneur du pont de Vertais.

En 1470 (27 octobre) a lieu l'adjudication des terres et seigneurie du pont *ès-Vretays*[1].

Cela fait supposer que c'était une seigneurie qui s'achetait, comme une propriété transitoire et non patrimoniale.

Dans les nombreuses pièces que nous avons étudiées aux archives, sur la seigneurie du pont de Vertais[2], nous avons trouvé beaucoup de noms nantais, appartenant à de bonnes familles encore existantes. L'industrie y devint florissante au XVIIIe siècle. Les indiennes et toiles de couleur ; les raffineries de sucre en formaient les principales branches.

Chronologie des faits.

Pierre Drouet, habitant de la paroisse Saint-Nicolas, fit bâtir à Vertais, une chapelle dont l'emplacement n'est pas connu.

Toutefois en 1499, on voyait en Vertais dans une venelle, près du pont de Pirmil, une chapelle appelée la chapelle de Pierre Drouet[3].

. . . .

1483. — Pierre Landais est seigneur du pontde Vertais[4].

. . . .

1524. — Vertais a encore son seigneur et forme une juridiction sous le nom de juridiction du pont de Vertais, avec sénéchal et officiers[5].

. . . .

1580. — Vertais eut un moulin bâti par la ville, dit des Pontereaux ou des Rousseaux. On l'appelle aujourd'hui[6] le grand pont de Vertais, entre la rue de Vertais et la rue de Biesse.

. . . .

[1] Arch. dép. Série B-Vertais.

[2] Arch. dép. Série B. 3 énormes paquets (baux, reçus, etc.)

[3] *Trav.* II. 249. Vers 1472. Cf. *Origines du Prieuré de Pirmil* (*page* 30).

[4] et [5] Arch. dép. Vertais, série B.

[6] En 1750. *Trav.* II. 446 et 470.

1596, mai, et 1597, 5 mars. — Vertais et Pirmil sont taxés pour subvenir aux besoins des pauvres, par suite de la famine.

. . . .

Vertais et Pirmil sont souvent compris, dans les mêmes charges d'intérêt général ; nous continuerons à les citer ensemble, quand l'occasion s'en présentera.

. . . .

1598. 23 mars. — Vertais et Pirmil sont taxés pour l'entrée du roi Henri IV, à Nantes, ils doivent fournir leurs hommes : « tous porteront la livrée du roi, c'est-à-dire les couleurs incar- « nate, blanche et vert brun ; chaque compagnie, une ensei- « gne neuve de gros taffetas de la couleur ordinaire et façon- « née, en ondes avec une grande croix de taffetas blanc. Au « milieu, les armes de France et le chiffre de chaque capitaine « à qui l'enseigne appartenait ».[2]

. . . .

Le 27 avril suivant, Henri IV nomma à Nantes les dignitaires dont il croyait être sûr. Pour le quartier de Biesse et de Vertais :

Capitaine : François Poullain dit *terre-noble.*

Lieutenant : Pierre Paris, auparavant, capitaine d'une des Biesses.

Enseigne : Antoine Meneust, auparavant, enseigne de Vertais.

. . . .

1628. 14 juin. — La ville, assemblée, reconnaît à Vertais et à Pirmil, le droit de voter dans les élections des maires, des échevins et des syndics de la ville ; quelques-uns voulaient le leur contester[3].

. . . .

[1] *Trav.* III. 85. 89. 91.

[2] *Ibid.* III. 100.

[3] *Ibid.* III, 275.

1660. 1er mai. — La ville décida que les compagnies de la Saulsaie et des Biesses, formeraient une seule compagnie, et que celle de Vertais continuerait d'exister ce qui réduisait à deux, le nombre des compagnies[1].

. . . .

1665. 17 octobre. — La ville obtint un arrêt du Parlement, portant la permission aux boulangers de Vertais et de Pirmil, de vendre le pain de seigle et de froment *tiré à fin*, et défense de vendre le pain de froment *à fleur*, s'ils ne sont pas maîtres. L'arrêt les soumet à la police[2].

Couvent des Récollets.

Ce couvent s'étendait sur le terrain de l'ancienne raffinerie Cezar entre deux cours d'eau : l'un qui existe encore auprès de la crèche récemment construite, entre Petite Biesse et Vertais ; l'autre, près de Beau-Séjour, qui a été comblé et remplacé par un *square* d'acacias[3].

Les bâtiments en sont encore reconnaissables.

A gauche, en entrant dans la *rue des Récollets* qui a coupé en deux la superficie du monastère, on aperçoit les petites cellules des Récollets. A droite, vis-à-vis, est la maison abbatiale assez bien conservée, dont la toiture est caractéristique. La chapelle était tout auprès.

. . . .

1615. 31 mars. — Le bureau de la ville s'entretient d'une proposition concernant l'établissement, à Nantes, de « certains « religieux nommés les Pères-Douillets. »

Après délibération, il fut décidé qu'on en confèrerait avec l'évêque Mgr de Bourgneuf[4].

. . . .

[1] *Trav.* III, 109.

[2] *Ibid.* III, 396.

[3] Dans ce petit bras de Loire, aujourd'hui disparu, tomba, avec tous ses voyageurs, la *grande diligence* qui faisait le service de Nantes à Bordeaux (vers 1830.)

[4] *Trav. III*, 192.

1617. 18 août. — Le monastère de l'ordre du tiers-ordre de saint François, dit « des Récollets » est fondé à Nantes.

Frère Jacques Garnier, récollet, présenta requête au chapitre pour s'établir sur les ponts de Nantes, selon l'intention de Mgr de Bourgneuf. Ce qu'il demandait lui fut facilement accordé[1].

. . . .

1618. — Les Récollets bâtissent leur couvent et obtiennent de la ville 600 liv. et quelques mois plus tard 400 liv. pour contribuer à l'achèvement de l'entreprise[2].

. . . .

Les récollets font leur possible pour obtenir le terrain de l'hermitage (carrière de Miseri) à la mort du dernier hermite, mais il sont refusés par le seigneur de la Hautière qui le donne aux capucins.

. . . .

1626. 6 septembre. — La ville accorde aux Récollets, pour les aider à faire les frais de leur chapitre général : une pistole par jour, pendant 10 jours, si le chapitre durait autant[3].

. . . .

1627.— Les Récollets figurent à la cathédrale, à la réception du maréchal de Thémines, nommé gouverneur de Bretagne, à la place du duc de Vendôme... Depuis la porte de Saint-Nicolas jusqu'à la place Saint-Pierre, les rues sont ornées comme à la Fête-Dieu[4].

. . . .

Le jeudi 6e jour de may 1632, jour festé de S. Jean devant la porte Latine, l'église des Pères Récollets de Nantes fut dédiée par Révérend Père en Dieu messire Jacques Raoul, évèque de Xaintes, et posa soubs le grand autel, des reliques de S. Blaise et autres saints[5].

1 *Trav.* III, 219.
2 *Ibid. III*, 227.
3 *Ibid.* III, 263.
4 *Trav.*, III, 267.
5 *Rev. des provinces de l'Ouest...* rég. d'André Landays, aumôn. de Toussaints, p. 524... (Dugast-Mattifeux y renvoie à Trav. t. III, p. 292.

1636. 13 mars. — La ville accorde 200 livres aux Récollets, pour leur aider à bâtir le mur de leur jardin, et se prémunir contre les inondations[1].

Hercule de Rohan.

En 1653, un service funèbre est célébré dans la chapelle des Récollets, pour Hercule de Rohan, duc de Montbazon, gouverneur de la ville et du château de Nantes, qui venait de mourir dans un âge fort avancé[2].

. . . .

En 1654, 10 nov. le cœur d'Hercule de Rohan fut transporté au monastère des Récollets.

M. le Théologal officia, assisté de tout le clergé et de tous les religieux de la ville de Nantes. M. le Maréchal de la Meilleraye suivait le cercueil entre deux présidents de la chambre des Comptes, le maire et le conseil municipal[3].

Voici l'inscription que l'on pouvait lire au-dessous d'une urne funéraire, de forme artistique, portant sur sa panse la lettre H.

Herculis de Rohan, ex primâ et antiquâ minoris Britanniæ Regum et Principum stipe masculâ, Paris Franciæ, ducis de Montbazon, cor magnanimum hâc urnulâ continetur. Quod egregium fecit servat historia : optimè imperavit, obtemperavit optimè.

Obiit XVII Kal. novembris anno à Christo MDCLIV, ætatis LXXXVI.

En voici la traduction :

« Cette urne contient le cœur magnanime d'Hercule de Rohan, descendant en ligne directe de la race antique des rois et des princes de la Petite-Bretagne, pair de France, et duc de Montbazon. L'histoire conserve la mémoire de ses nobles

[1] *Travers* III, 292.

[2] *Ibid.*, III, 355.

[3] André Landays, *Revue des provinces de l'Ouest*, 4e année, p. 526, Dugast-Mattifeux.

actions. Il excella dans le commandement, il excella dans l'obéissance. Il mourut le 17 des calendes de novembre, en l'an de Jésus Christ 1654 à l'âge de 86 ans[1]. »

. . . .

1662. 20 août. — Les Récollets obtinrent de la ville la permission de remplir un emplacement vague de 90 pieds sur 55 de large, le long de la rivière aboutissant au pont de pierre qui conduit à Vertais, et d'y continuer leur levée et muraille pour la sûreté de leur jardin et de leur couvent. Ils obtinrent, de plus, la permission d'achever de boucher deux arches qui dominaient sur cet emplacement, et d'exhausser, de six pieds, le parapet du pont, de la largeur de 55 pieds, afin de couvrir l'emplacement et d'en ôter la vue des passants[2].

. . . .

1669. 6 juillet. — Les cérémonies de la canonisation de saint Pierre d'Alcantara se firent chez les Récollets. La communauté (de la ville) y assista et fit tirer le canon. L'évêque officia et dit la messe. Le chanoine Blanchard prêcha[3].

. . . .

Le lundi jour et feste de l'Assomption de Nostre-Dame, 15e aoûst 1672. M. le duc de Chaulnes, gouverneur de Bretagne et Mme la duchesse sa femme arrivèrent à Nantes..... Le jeudi ensuivant, sur les 6 heures du soir, M. le duc et Mme la duchesse de Chaulnes allèrent aux Récollets, où Mme voulut entrer ; mais elle fut opposée par les religieux, où il y eut grand bruit[4].

Spoliation.

1790. 8 décembre. — On fait l'inventaire du maigre mobilier des Récollets. .

Ce n'était pas là que la République pouvait remplir ses cof-

[1] Il était le père de la fameuse duchesse de Chevreuse, l'ardente ennemie de Richelieu. Après avoir été l'âme de toutes les intrigues, elle se retira à Gagny près Chelles où elle mourut à 79 ans.

[2] *Trav. III* 676.

[3] *Ibid. III.* 419.

[4] André Landays : *Revue des provinces de l'Ouest*, 4e année, p. 698, par Dugast-Mattifoux.

fres, qu'on en juge par les détails consignés dans le procès-verbal des officiers municipaux.

« Une cellule de Récollet contient: 1 couchette avec matelas, « 2 traversins, 2 couvertures de laine, 2 rideaux au lit, en « cotonnade, 2 pour la fenêtre, 1 petite commode en noyer « à trois tiroir 1 petite table, 1 fauteuil et 4 chaises, 2 gra- « vures encadrées, 20 volumes. »

Leur vestiaire n'était pas plus brillant : « 5 tunicelles, quel- « ques mouchoirs, quelques chemises ».

. . . .

1791. 20 juin. — L'administration voulant faire transporter la cloche et l'horloge des Récollets à Saint-Jacques, une pétition[1] fut signée par les habitants de Vertais et des deux Biesses pour obtenir qu'elle ne fût pas transportée.

. . . .

1791. 26 juillet. — La municipalité, vu la requête adresseé par les habitants de Vertais et des deux Biesses, est d'avis, que l'horloge soit conservée à l'église des Récollets, surtout, si, comme on l'a demandé, cette église est préférée à celle de Toussaints, pour être succursale de Saint-Jacques... Elle est plus grande, mieux située, moins exposée aux inondations[2].

. . . .

Dès cette époque, la population des ponts était assez compacte, pour rendre nécessaire une nouvelle paroisse, entre Sainte-Croix et Saint-Jacques.

Depuis cinquante ans, ce besoin fut satisfait par la création de la paroisse de la Madeleine, sous l'épiscopat de Monseigneur de Hercé, de douce et illustre mémoire, et le pastorat de M. l'abbé Yviquel, saint prêtre, dont le souvenir est encore vivant[3].

[1] et [2] Archives municipales.

[3] En 1897, on démolit cette église tout entière, sauf le clocher, mieux assis, paraît-il. On rebâtit en allongeant de quelques mètres. La grande porte aspectera sur le boulevard Babin-Chevaye, ce qui obligera à placer le chœur du côté du clocher.

Club des Récollets.

Quand on eut *désaffecté* (jargon contemporain et administratif du dictionnaire révolutionnaire, qui signifie *volé*) comme tous les biens de l'Eglise, le monastère des Récollets, il s'y tint un club de républicains *convaincus*.

Nous n'avons cure d'en vouloir rappeler les faits et gestes ; toutefois, nous reproduirons une note curieuse, qui montre combien ces doux républicains étaient ennemis des *curés* et de... l'*orthographe*. Nous n'y changeons pas une lettre.

. . . .

« 1791. 3 juillet.

MONSIEUR,

« Je vous *apprandrais* que l'ancien curé de Rezé nommé Duprez et un de ses *viquaire*, nommé *l'Amare,* dont la réputation doit vous être connue, par leur aristocratie et leur *quoquinisme*, sont *cachée* ché M. Foligny, chevalier de Saint-Louis, demeurant vis-à-vis la Sivelière, près le village de *Sesve*, chemin de Vertou.

« *J'ay* l'honneur d'être, Monsieur, votre obéissant serviteur,

B.

« A Monsieur le Président du club des *Recolets*, sur les ponts pour *nent* faire lecture *qua* la séance *anantes*[1]. »

1 Nous avons demandé au Père Prieur des Récollets de Nantes quelques renseignements sur le monastère des Ponts, il nous a répondu qu'on ne possédait aucun manuscrit de ce couvent.

X

AUMÔNERIE DE TOUSSAINT.

Quartier de Petite-Biesse et de Grande-Biesse. — Coup d'œil d'ensemble sur l'aumônerie de Toussaint. — Acte de donation et fondation de l'aumônerie. — Suite chronologique des faits. — Vente des biens de l'aumônerie. — 26 inscriptions tombales.

Quartier de Petite-Biesse et Grande-Biesse.

En quittant le pont de Vertais pour se diriger vers Nantes, le premier cours d'eau[1] que l'on rencontrait s'appelait *Petite-Biesse*[2] et donna son nom aux terrains compris entre lui et le second cours d'eau dit *Grande-Biesse,* qui dénomma la partie du sol contenue entre Grande-Biesse et le bras de Loire de la Madeleine.

Le quartier des Biesses ne se peupla pas aussi rapidement que Vertais, comme nous le voyons clairement indiqué, par l'arrivée de tous les troupeaux des campagnes voisines de Nantes, qui y cherchèrent un refuge, contre l'invasion des Calvinistes.

C'est près du cours d'eau de Grande-Biesse qu'était située l'aumônerie de Toussaint.

Coup d'œil d'ensemble sur l'aumônerie de Toussaint.

Nous inclinerions à penser que l'aumônerie fut, dès son origine, regardée comme indépendante, à cause du caractère spécial de sa fondation qui réunissait dans l'œuvre de l'aumônerie, plusieurs attributions toutes locales : les prières

[1] Il a été dit plus haut que ce cours d'eau appelée depuis peu *Boire des Récollets*, fut entièrement desséché, et remplacé par un square planté d'acacias.

[2] *Biez* : fossé creusé à côté d'une rivière pour l'usage d'un moulin, et pris d'assez loin, pour ménager une pente qui augmente la rapidité de l'eau... (*Dictionnaire* de Littré).

demandées par le Fondateur, le soin des malades et l'hospitalité donnée aux voyageurs.

Il ne pouvait être question des fidèles des environs, en trop petit nombre pour motiver des règlements administratifs, de la part de l'autorité diocésaine.

Au XVIe siècle seulement, la paroisse de Sainte-Croix prit définitivement sous sa juridiction l'aumônerie de Toussaint.

Nonobstant, nous avons pensé devoir poursuivre son histoire jusqu'à sa dernière heure, persuadé, que le lecteur aimerait à la connaître tout entière ; d'autant plus que depuis cette époque, elle n'offrirait pas matière suffisante à une plaquette isolée.

Une confrairie[1] appelée confrairie de Toussaint, était chargée de l'administration temporelle.

Elle nommait chaque année deux prévôts auxquels incombaient tous les soins matériels de l'aumônerie.

Elle avait même le privilège de présenter à l'acceptation de l'Évêque, la nomination de l'aumônier qu'elle désirait avoir pour successeur du dernier décédé. Cet aumônier avait pour fonctions : d'acquitter les prières, d'administrer les sacrements aux malades et de distribuer aux pauvres et aux voyageurs, un tonneau de seigle et un tonneau de froment, qu'il recevait de la frairie ; il n'acquérait rien en son propre nom, mais pouvait acquérir pour l'hopital. Les statuts de la confrairie lui permettaient de dépenser 100 écus d'or, au plus...[2]

Quant aux bâtiments de l'aumônerie, nous n'avons rien de remarquable à en dire.

Monsieur Cacaud, dans sa belle carte de Nantes, dressée en 1756, nous a conservé le plan d'ensemble des constructions de la célèbre aumônerie de Toussaint.

Il y a seulement quelques années, des portes en plein-cintre existaient encore et l'on pouvait remarquer le long des murs,

[1] *Confrairie* n'est pas la même chose que *Confrérie* : le premier mot veut dire : *frais* mis en commun ; le second : réunion de *frères*. *Frairie* s'emploie pour *confrairie*, dans le même sens.

[2] *Annales de Nantes*, t. II, 300.

quelques peintures et inscriptions, cachées par des caveaux en planches ; c'était ce qui restait de la chapelle.

En novembre 1897, on démolit entièrement toutes ces ruines.

Il n'y a plus qu'un seul vestige de l'ancien hôpital ; c'est une petite fenêtre aspectant sur la rivière.

Grâce à l'obligeance de M. Pilard, entrepreneur des travaux de 1897, voici les particularités que nous avons relevées nous-mêmes sur place, avec la plus scrupuleuse exactitude. Un jour peut-être, on y verra d'utiles indications[1].

1° Deux statues d'environ 0 mètre 60, de hauteur : l'une, de saint Christophe, portant l'Enfant Jésus sur les épaules ; l'autre, de saint Antoine, ayant un cochon, à ses pieds.

2° Une pierre blanche de 0 mètre 32 sur 0 mètre 25 et 0 mètre 15 d'épaisseur avec les majuscules gravées en creux et ainsi disposées :

M. O. C. P. A. D. T.

On l'a trouvée à 2 mètres 50 de profondeur au-dessous du niveau de la rue, dans les fondations, sous l'un des côtés de la chapelle. Elle était assise sur un lit de chaux (chaux et sable) et recouverte d'un palâtre de 1 mètre 50 de longueur.

A la Chronique du 9 mars 1672, nous en donnerons la traduction.

Acte de donation et fondation de l'aumônerie de Toussaint.

Nous sommes heureux de publier ici un document de haute valeur. C'est l'acte de donation authentique de Charles de Blois duc de Bretagne[2].

On y verra avec quelles intentions chrétiennes et charitables, quel esprit de justice, ce saint personnage entendait établir l'aumônerie qui nous occupe.

[1] Le 22 novembre 1897.

[2] Arch. dép. série H 493... copie du XVIIe siècle (copiée aux Archives Nationales par M. Léon Maître, archiviste).

Acte de donation du duc de Bretagne, de l'aumônerie de Toussaints.

« Nous, Charles, duc de Bretagne, vicomte de Limoges, et « nous Jeanne, duchesse et vicomtesse desdits lieux, ô (avec) « l'autorité de nous dit duc, à notre chère compagne la « Duchesse donnée, quant à toutes et chacunes les choses « qui ensuivent.

« Faisons savoir à tous, que nous d'un commun consente- « ment et volonté avons donné et donnons ô l'autorité que « dessus, en pure et perpétuelle aumosne, à Messire Pierre « Eon, chapelain, une place et héraut ô tous leurs fonds et ap- « partenances, comme ils se poursuivent, seize en Bièce, sur « le chemin par où l'on vat de Nantes à Pirmil, entre nos pon- « treaux, d'un côté, et une place que tient Rolland Rouau, « d'autre ; laquelle place et héreau furent à Jan Garnier, ta- « landier et sa femme qui les avons retraits par eschange et « les avons récompensez sur certaine partie qu'ils nous de- « vaient, affin que le dit messire Pierre, y face faire et *édif-* « *fier*[1] *une chapelle*, en l'honneur de Dieu, de la benoiste « Vierge Marie et de *tous les Saints* de Paradis, et une mai- « son *pour héberger* les *pèlerins passans et pauvres*, et faire les « œuvres de charité, *pour prier Dieu* pour nous, nos héritiers, « prédécesseurs et successeurs, et être participants aux biens « et oraisons qui seront faits. De laquelle place et héreau nous « nous désaisissons et en baillons la saizie audit messire « Pierre, tant pour lui que pour les autres qui seront et de- « meureront à maintenir la dite chapelle et sommes tous « tenus et promettons pour nous et nos *hoirs* et successeurs, « les garantir comme dit est, et à les tenir, avoir, jouir et « posséder pour les causes, dessus dites, à jamais, perpétuel- « lement, sans aucun empêchement Laquelle place et héreau,

[1] Il n'y a ici aucun doute, c'est une chapelle à *édifier* et non, à réédifier ou à restaurer.

« avec certaine place jouxte icelle, ce que Rolland Rouau a « donné au dit messire Pierre, pour le cloistre de la dite mai- « son, nous ô l'authorité que dessus, avons amorty et amor- « tissons et voulons que dudit amortissement se jouissent le « dit messire Pierre et les autres qui seront et demeureront, « à maintenir la dite chapelle et maison pour toujours, mais « perpétuellement et leur quittons et cessons toutes seigneu- « ries et juridictions et reconnaissances que nous avons et, « avons pouvoir ès-dites chouses pour les causes susdites, à « jamais sans rien y retenir fors notre souveraineté en cas de « garde d'église.

« Et en témoing des dites..... nous duc et duchesse, avons « posé nos propres sceaux, à ces présentes lettres escrites, « données à Nantes le 27e jour d'avril en mil trois cent soixan- « et deux. »

. . . .

Cette donation laisse dans l'ombre un point de juridiction, que nous ne nous chargerons pas d'éclaircir, mais que nous voulons signaler.

Charles de Blois ne fait aucune mention d'une donation en bonne et due forme faite par la duchesse Constance qui épousa plus tard Guy de Thouars.

En 1188, cette duchesse « confirma et octroya aux religieux « de la Madeleine[1] la possession des ponts jusqu'à Pirmil. »

Cette possession avait-elle été périmée à l'époque de Charles de Blois ?

Cependant les religieux semblent avoir conservé des droits d'octroi sur ce territoire.

Dans une Etude de M. Stéphane de la Nicollière sur le Prieuré de la Madeleine, nous lisons que dans trois aveux de 1462, 1524, et 1669 « le Prieur de la Madeleine « prant et lève la

[1] *Histoire de Nantes*, par Guépin, p. 82. Ces religieux avaient leur couvent, au delà du bras de Loire de la Madeleine à l'endroit où se trouve maintenant la buvette « aux Herbagers. » Le pignon de la toiture semble indiquer la construction primitive.

« coutume sur les marchandises que aucune personne mène-« rait et traverserait en vassaulx, entre la paroisse de Rezay « et le dit Prieuré de la Madeleine[1] ».

Pour comble de complications juridiques, nous voyons dans les siècles qui suivirent, que la juridiction royale est affirmée très-énergiquement, dans les actes du temps, sur le quartier de Vertais

Etait-ce seulement sur les eaux, qui de tout temps ont été du domaine royal ? Etait-ce à l'occasion de ce droit sur les eaux, que la juridiction royale avait débordé comme droit *de mouvance*? Nous laissons aux jurisconsultes à décider,

Quoi qu'il en soit, l'aumônerie de Toussaint était fondée, et commençait sa modeste histoire.

Suite chronologique des faits.

1362, 28 juillet. — Cession de droits sur l'emplacement de l'aumônerie de Toussaint, accordée à l'aumônier par Denis Cornuau pour 6 réaux d'or[2].

. . . .

1362, août. — Cession d'un emplacement en Biesse pour l'aumônerie de Toussaint, consentie à Charles de Blois, qui en paiement a donné acquit au vendeur, d'une rente de 40 sous, due sur un logis de la Chaussée de Nantes[3].

. . . .

1364, 31 janvier. — Fondation d'une chapellenie par Eonnet ou Yvon Lucas, sur les *runcs*, (rangs) de pêcherie qu'il possédait en Loire[4].

. . . .

1365. — Arrentement fait pour 4 sols de rente de la

[1] *Bulletin archéologique de la Loire-Inférieure.*

[2] Arch. dép. série H.

[3] *Idem.*

[4] Note marginale (commémorative) d'un acte désormais illisible; arch. dép. S. H.

maise du cimetière de Toussaint avec Jahan de Rezé, abbé de Villeneuve.

. . . .

1422, 14 novembre. — Le duc Jean V entre dans la confrérie de Toussaint et concède à l'aumônerie, comme don de joyeux avènement, une voie d'eau pour y établir un moulin, sous le pont le plus voisin. Le don fut contesté par le procureur du duc le 14 janvier suivant; et, le 17, les juges et les assistants prononcèrent que le don devait *tenir*, étant fait à un lieu pieux, par un motif de piété et sans nuire à l'État. L'on nomma des commissaires qui, le 17 du même mois, assignèrent la voie d'eau du pont de Toussaint sur une longueur de 37 pieds et autant de large[1].

. . . .

C'est sans doute à dater de cette époque, qu'existe la digue qui se voit encore, et qui était destinée à fournir au moulin, de l'eau en plus grande abondance. (C'est le biez qui a donné son nom au pont et au quartier).

L'expédition originale du procès-verbal de la publication faite aux plaids généraux, du don de Jean V, à l'aumônerie de Toussaint, se trouve aux archives départementales[2].

. . . .

1454. 7 janvier. — Arrentement d'une maison située en Vertais, consenti par les prévôts de la confrérie de Toussaint.

. . . .

Arrentements d'héritages situés en Vertais faits par Jean Villaine et Etienne Rousseau, prévôts de la confrérie[3], et Jacques Lebreton prêtre, à Robin Lepaige, pour 4 livres 2 sols, six deniers de rente, au profit de la confrérie de Toussaint à laquelle dom Nicolas Hervouet avait donné ces héritages.

. . . .

[1] Titres de la Confrérie de Toussaint.

[2] Arch. dép. série H. p. 493.

[3] Titres de la Confrérie.

1460, 25 avril. — Bail à ferme du moulin de l'aumônerie de Toussaints[1].

. . . .

1462, 7 avril. — Par testament de Pierre Préseau, don à l'aumônerie d'une rente de 6 liv. 5 sols.

. . . .

1498, 31 mai. — Transaction entre François Branger et l'aumônerie de Toussaints[2].

. . . .

1499, 5 avril après Pâques. — Acquisition par l'aumônerie de Toussaints d'une rente de 8 liv. sur Jean Bourrault et Marie Leslé.

. . . .

1532. — L'aumônerie de Toussaint nourrit plus de 1600 pauvres. Le roi François Ier, en considération de *ce fait*, conserva à l'aumônerie, le droit d'administrer les aumônes, de concert avec la confrérie.

. . . .

Ce monarque avait cru devoir remettre l'administration des autres établissements de bienfaisance, aux mains de personnes laïques.

Le privilège, accordé par François Ier à Toussaint, fut confirmé par lettres patentes d'Henri IV en 1598 (avril)[3].

. . . .

1555 et 1556, — La ville de Nantes fit faire toutes les réparations *grosses et menues* de l'aumônerie. On y recevait les passants et les malades de la maladie de Saint-Main[4].

. . . .

1557, 5 novembre. — La ville s'assembla à l'évêché et y délibéra avec l'évêque : de l'union des revenus de Saint-Julien de Vouvantes, au nouveau collège que l'on voulait établir à

[1] Titres de l'aumônerie.

[2] *Idem.*

[3] Pour ce qui précède : *titres* de l'aumônerie.

[4] *Trav.* II, 341.

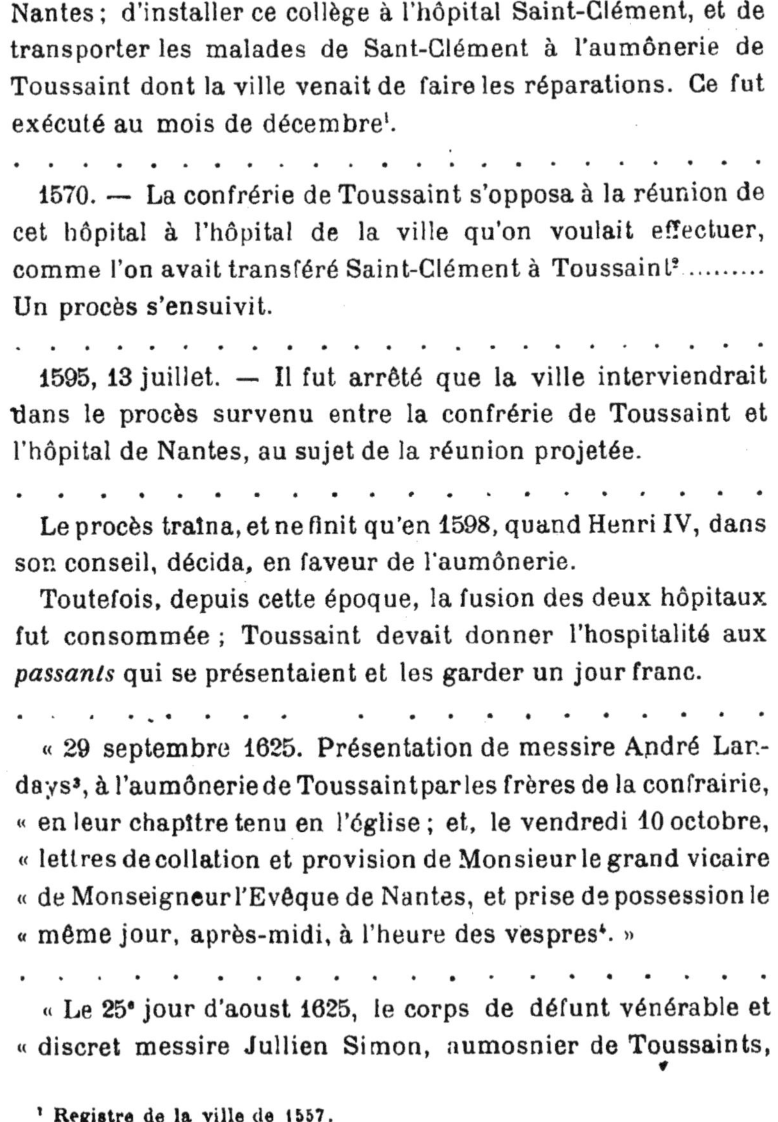

Nantes ; d'installer ce collège à l'hôpital Saint-Clément, et de transporter les malades de Sant-Clément à l'aumônerie de Toussaint dont la ville venait de faire les réparations. Ce fut exécuté au mois de décembre[1].

. . . .

1570. — La confrérie de Toussaint s'opposa à la réunion de cet hôpital à l'hôpital de la ville qu'on voulait effectuer, comme l'on avait transféré Saint-Clément à Toussaint[2]......... Un procès s'ensuivit.

. . . .

1595, 13 juillet. — Il fut arrêté que la ville interviendrait dans le procès survenu entre la confrérie de Toussaint et l'hôpital de Nantes, au sujet de la réunion projetée.

. . . .

Le procès traîna, et ne finit qu'en 1598, quand Henri IV, dans son conseil, décida, en faveur de l'aumônerie.

Toutefois, depuis cette époque, la fusion des deux hôpitaux fut consommée ; Toussaint devait donner l'hospitalité aux *passants* qui se présentaient et les garder un jour franc.

. . . .

« 29 septembre 1625. Présentation de messire André Landays[3], à l'aumônerie de Toussaint par les frères de la confrairie, « en leur chapître tenu en l'église ; et, le vendredi 10 octobre, « lettres de collation et provision de Monsieur le grand vicaire « de Monseigneur l'Evêque de Nantes, et prise de possession le « même jour, après-midi, à l'heure des vespres[4]. »

. . . .

« Le 25e jour d'aoust 1625, le corps de défunt vénérable et « discret messire Jullien Simon, aumosnier de Toussaints,

[1] Registre de la ville de 1557.

[2] *Trav.* II. 424.

[3] André Landays, prêtre né à Pirmil, devenu aumônier de Toussaint, eut l'heureuse idée de noter sur le régistre des sépultures, les événements remarquables qui se succédèrent dans la ville, (de 1625 à 1679) ces notes ont été publiées par Dugast-Mattifeux (*Revue des Provinces de l'Ouest*, 4e année.)

[4] *Revue des Provinces de l'Ouest*, 4e année, p. 521.

« fut ensépulturé, en l'église de Toussaints, et mourut de la « contagion qui régnait[1].

. . . .

« Le samedi 8 aoust 1626 fut donné sentance, au Présidial de Nantes, entre messire Robert Mahé, recteur de Sainte-« Croix et messire Mathurin Gasnier, son vicaire, d'une part, « et messire André Landays, aumosnier et les prévosts de la « de la Confrérie de Toussaints, d'autre part ; par laquelle il « fut ordonné que les oblations et offrandes faites à la chapelle « dudit Toussaints, demeureraient audit aumosnier, pour y « être employées à nécessité des pauvres, fors et réservé, celles « qui seraient faites aux offertoires des grand'messes succur-« sales, qui seront au dit recteur et outre, sera payé au dit « recteur par ledit aumosnier, la somme de 30 sols tournois « qui lui sont deus, à cause des oblations par chacun an[2]. »

. . . .

Est-ce cette règlementation qu'il faut regarder comme l'origine de la juridiction de Sainte-Croix sur l'aumônerie ? Nous n'avons pas trouvé d'acte antérieur qui l'établisse.

. . . .

1628. — « Adveu de discrète personne André Landays, prê-« tre chapelain et aumônier de Toussaints, sur les ponts de « Nantes, rue Grande-Biesse. Jacques Coupperie y est men-« tionné comme notaire royal de Nantes. »

. . . .

« Le 23 mars 1646, la grosse cloche de Toussaints-lèz-Nantes, « fut bénie par messire Landays aumônier, par la licence de « Mgr l'évêque de Nantes à luy donnée par écrit.

« Honorables personnes, Pierre Macé, capitaine des Bièces, « et André Gilard furent pareiu et mareine qui lui imposèrent « le nom de *Perrine* ; et fut fondue des deniers de la confrai-« rie dudit Toussaints ; montée au clocher le même jour, et « posée en son lieu, le lendemain. Les sieurs Martin Bouilly

[1] Régistre d'Andre Landays... *ibid*. p. 521.

[2] *Ibid.*, p. 522.

« et Sébastien Lottin étant prévosts de la dite confrairie[1].

. . . .

« Le mercredy 8e jour de septembre 1649, le corps de deffunt « humble et dévôt religieux frère René Lemée, provincial des « cordeliers, qui étant venu à Nantes pour tenir leur congré- « gation, tomba malade et décédaau couventdeSaint-François, « fut ensépulturé dans l'église dudit couvent, sur les quatre « heures du soir, où il y avait grande affluence de peuple[2].

. . . .

« Le lundy 17 juillet 1656, le sénéchal, le lieutenant et le pro- « cureur du roy, avec M.M. Dubreil et de Blottereau, pères des « pauvres de l'hospital de Nantes ; M. Morice, leur procureur, « et M. leur adjoint descendirent à l'aumosnerie et l'hospital « de Toussaints, pour faire procès-verbal. Auquel messire « André Landays, aumosnier dudit Toussaints, comparut pour « son chef, et les prévosts de la confrairie dudit Toussaints « ne voulurent point comparaître et furent jugés défaillants. « Auquel procès-verbal procédant, ne trouvèrent aucune « chose à redire en tout ce que possédait ledit Landays, ains « trouvèrent le tout en très-bon état, ains qu'il est rapporté « par le dit procès-verbal[3].

. . . .

« Le vendredy 25 aoust 1661, les régiments des suisses « arrivèrent au haut de la prée de la Magdeleine et allèrent « loger en Vertais une partie, et une autre en Petite-Bièce, et « une autre, vers la boucherie de Nantes.

« Le dimanche 27 aoust, les régiments des gardes du Roy, « arrivèrent au haut de la prée de la Magdeleine, sur les 4 à 5 « heures du soir et allèrent loger aux Marchix, Saint-Clément « et Richebourg.

« M. le maréchal de la Meilleraye fit mettre sur le bord de « la prée de la Magdeleine du costé de la ville, jusqu'au nom-

[1] Rég. de André Landays, *ibid.* p. 525.

[2] *Ibid.*

[3] *Ibid.* p. 527.

« bre de cent quarante huit pièces de canons, la plus grande « part en fer, tirées des navires qui étaient à Paimbœuf, et le « reste en fonte verte, entre lesquelles étaient les douze « apôtres de la maison de ville[1]

. . . .

« Le mercredy des quatre-temps 9e de mars, et le 7e jour de « caresme de l'année 1672, environ une heure et demie après-« midy les sieurs Jean Legay et François Tardeau l'aisné, « estant prévosts de la noble et vénérable confrairie de Tous-« saints, érigée et desservie en cette église, sur les ponts de « Nantes, paroisse de Sainte-Croix : vénérable et discret mes-« sire Olivier Crispied, aumosnier dudit Toussaints, messire « André Landays, ancien aumosnier par l'espace de près de « cinquante ans, âgé de 78 ans, mit et posa la première pierre « à l'autel de Saint-Claude qui a été basti de neuf, et, le len-« demain 10, Marie Legay, fille du susdit Jean Legay, mit la « première pierre à l'autel de Nostre-Dame qui n'étant que « tout simple et sans aucun ornement avait été démoli le 7 « juillet pour bastir celui d'architecture qui est en sa place[2] ».

. . . .

C'est probablement cette dédicace que rappelle la pierre commémorative citée plus haut qui porte les lettres M. O. C. P. A. D. T. et qu'on devrait traduire ainsi :

Maximo Optimo Claudio Pontifici, Altare Dicavit Tardellus.

Mais pourquoi Tardeau l'un des deux prévôts est-il seul nommé ?

Legay, autre prévôt n'y serait pas mentionné, parce que sa fille, figurant pour la pose de la première pierre de l'autel de la Sainte Vierge, le nom de Legay (L) doit être gravé sur une autre plaque semblable que l'on n'a pas retrouvée.

Ainsi, les noms des deux prévôts seraient signalés : Tardeau (T) sur la plaque relevée, Legay (L) sur celle qui n'a pas été découverte.

. . . .

[1] Régistre d'André Landays, *ibid.* p. 617.

[2] *Ibid.* p. 697.

Les changements survenus dans les mœurs, la facilité plus grande des voyages, l'agrandissement de plusieurs hôpitaux, au sein de la ville, amenèrent progressivement la décadence de l'hôpital de Toussaint et nous le voyons disparaître vers 1750.

L'aumônier toutefois continue ses fonctions sacerdotales, comme vicaire de Sainte-Croix ; ce qui était nécessité par l'accroissement de la population dans le quartier des Biesses ; car il n'existait encore aucune paroisse entre Saint-Sébastien et Sainte-Croix.

De plus, l'aumônier de Toussaint agissait toujours de concert avec la confrairie hospitalière, qui subsista jusqu'à la destruction de ces utiles institutions, décrétée par les lois révolutionnaires[1].

Vente des biens de l'Aumônerie.

A la vente, il faudrait dire, au *gaspillage* des biens d'église (dits : *nationaux*), la chapelle et le presbytère de Toussaint sont vendus le 27 floréal an III, à...... pour 88,000 livres.

Le cimetière fut vendu le 28 ventôse an V, à...... pour 4,400 livres[2].

La chapelle devint un magasin à fourrage, comme nous vîmes celle des Minimes et plusieurs autres[2].

26 Inscriptions tombales

Pour compléter ce qui concerne l'aumônerie de Toussaint, nous mentionnerons les 26 inscriptions tombales qu'on y a trouvées.

Nous y conservons la disposition des lettres, telle qu'elle se présentait, sur chaque pierre tumulaire ; malheureusement, plusieurs avaient déjà disparu sous les injures du temps.

[1] Abbé d'Espilly, *Dictionnaire de géographie*.

[2] Arch. dép. *Registre des ventes des biens nationaux*. Ici, pas plus que pour les autres spoliations dont nous avons eu à parler, nous n'avons cité les noms des acquéreurs ; c'est pour ne pas blesser les survivants. Si quelqu'un avait intérêt à les connaître, il les trouverait au *Registre des ventes...*

Ces noms et tous ceux que nous avons cités au courant de ces notes, intéresseront les descendants de ces familles chrétiennes, toujours heureuses de vénérer dans leurs ancêtres des modèles d'honneur et de probité.

(1)

Cy-gît
NOBLE VÉNÉRABLE ET DISCRET
MESSIRE CLAUDE BERNARD
DE LA TURMELIÈRE,
Prêtre doien de l'Eglise
Cathédrale et chanoine
de Nantes
Il fut bon catholique et
grand homme de bien
Il trépassa le 14 Novembre
L'AN 1660

(2)

1660

Pierre calcaire où il n'y a rien d'écrit, ou du moins lisible.

(3)

Ci-gît
VÉNÉRABLE ET DISCRÈTE PERSONNE
MESSIRE JULIEN SIMON
Prêtre aumônier de la chapelle
et l'Eglise de Toussaint, mort
par la contagion qui enleva
beaucoup de monde, pendant
l'été de 1625. Il trépassa
Le 25e jour d'août[1]

(4)

Pierre calcaire, rien d'écrit ou illisible.

[1] Il a écrit l'historique de la peste de 1625 et beaucoup d'observations météorologiques.

(5)

Cy-gît
VÉNÉRABLE ET DISCRETTE
Personne messire
NICOLAS HAMELIN
Prêtre vicaire de l'église
de Saint-Sébastien lèz-Nantes
décédé à l'âge de 40 ans
le 6 février
L'AN 1626.

(6)

Pierre calcaire, sans inscription.

(7)

Ci-gît
HONOR HOMME
PIERRE VIAUD
en son vivant
Capitaine
de quartier
Trépassé à l'âge
de 42 ans
le 15 août 1678.

(8)

1658

Pierre d'ardoise sans inscription.

(9)

Ci-gît
JEAN GANACHAUD
Maître-Charpentier
Trépassé le 25 novembre
1658, à 70 ans.

(10)

1658

Pierre de granit, derrière l'autel de Notre-Dame de Toussaint, sans inscription.

(11)

Cy-gît, dame ANDRÉ GILLARD
Epouse de sieur MARTIN BOUILLY
Trépassée le 27 octobre de
l'an 1658, à l'âge de 50 ans.

(12)

1658

Pierre de granit, sans inscription, au pied du grand autel de la chapelle de Toussaint.

(13)

Cy-gisent MARTIN ET MARTIAL
CHESNARD, *trépassés le 20 et*
29 septembre 1602.

(14)

1602

Pierre de granit sans inscription.

(15)

Ci-gît
MICHEL BELLE-ÉPAULE
trépassé le 18 janvier de
l'an 1609.

(16)

Table d'ardoise, sans millésime ni inscription. Chapelle neuve.

(17)

Cy-gît
PIERRE PICHAUD
âgé de 57 ans
trépassé le 25
de novembre 1657.

(18)

Pierre de granit, sans millésime ni inscription, vis-à-vis de l'autel de Saint-Yves.

(19)

Cy-gît Dame FRANÇOISE SAVIN
Décédée le 12e jour de janvier 1658
à l'âge de 45 ans.

(20)

Pierre d'ardoise, sans inscription.
1658.

(21)

Cy-gît Dame CLAUDE GABARD
Veuve de RENÉ VENDANGEON
laquelle trépassa
l'an du Seigneur 1658, le 8e jour de mars
à l'âge de 50 ans.

(22)

Pierre de granit sans inscription.
1658

(23)

Ci-gît Dame MARIE CLOUET
Veuve de FRANÇOIS BAZILE
trépassé le 7 avril 1658.

(24)

Pierre sans inscription. Chapelle Saint-Claude.

(25)

A la mémoire
de très-haut et très-puissant Seigneur
Mre GABRIEL DE GOULAINE
marquis de Goulaine,
décédé le 4 juin,
l'an 1668
à l'âge
de 80
ans.

(26)

1666

Table de marbre blanc sans inscription.

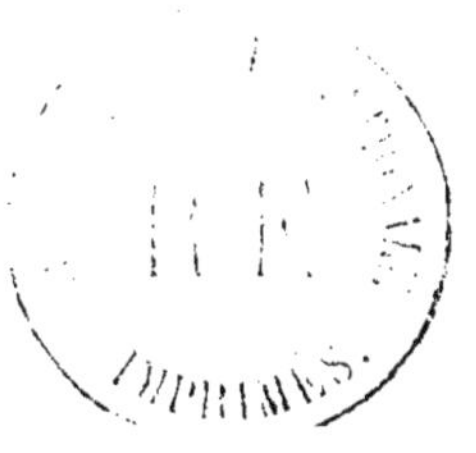

XI

CHAPELLES ET CALVAIRES

Chapelle de Bonne-Garde, — de la Civellière, — du Père Montfort, — de Toussaint, — des Récollets, — de la Haute Robertière, — des Harengs, — de la Jaunais, — de la Gibrais, — du Moulin, — de la Savarière. — Grotte du Douet. — Calvaires.

Sur le territoire de la paroisse de Saint-Sébastien existaient de nombreuses chapelles ; les unes très anciennes et bâties par les seigneurs ou les religieux ; les autres plus récentes et toutefois dignes de mention.

Nous dirons sur chacune d'elles ce que nous en savons, persuadé que ces souvenirs intéresseront nos contemporains :

Chapelle de Notre-Dame de Bonne-Garde.

« Notre-Dame de Bonne-Garde sise proche de la susdite « église succursalle (S. Jacques) en le grand chemin, près la « carrière du bourg de Pirmil[1]... Il a été déclaré qu'elle a « été bâtie en l'an 1057, (*sic*) par les soins de *sœur Marie* appelée de *Bonne-Garde*, et des Coquin ses parents, des charités et aumônes de diverses personnes et entr'autres de feu « seigneur maréchal de Meilleraye et du consentement du « sieur Bazin, lors prieur de Pirmil. »

. . . .

Le procès-verbal constate qu'elle est en bon état, que le grand autel est très propre et bien paré.

Au-dessus de l'autel est une petite statue en argent de Notre-Dame, et, devant, deux lampes d'argent.

Un second autel était adossé au mur, à droite, en entrant. Il était dédié à la Sainte Trinité, et centre de la confrérie du même nom.

[1] Arch. Dép. Procès-verb. des vis. past. G, 52, p. 95.

Les ornements montrés par la *sœur Marie* sont en bon état. Deux beaux calices servent au Saint-Sacrifice : un grand et un petit ciboire, un beau soleil et un encensoir avec sa navette ont été remis par la sœur Marie, entre les mains de Madame Gravely. Ils ne servaient plus depuis l'ordonnance épiscopale qui interdisait d'exposer le Saint-Sacrement dans les chapelles particulières, et la crainte qu'ils fussent volés, les avait fait déposer en lieu sûr. L'évêque prie la sœur Marie de continuer de s'occuper de la chapelle.

Comme tous les biens d'église, la chapelle de Bonne-Garde fut vendue au profit du trésor (révolutionnaire) le 23 fructidor, an IV, pour la somme de 916 liv.

Monsieur l'abbé Durand, curé de Saint-Jacques, dont la pieuse mémoire n'est pas éteinte, entreprit de la rebâtir. Ce fut l'architecte Bourgerel qui en fit le plan.

La façade n'en est point banale, le clocheton est élégant et grâcieux. Mais comment n'a-t-on pas encore trouvé le moyen de motiver par de jolies statues les culs-de-lampe et baldaquins de pierre qui ornent la porte ?

L'entretien de la chapelle est toujours confié à des dames pieuses, et les fleurs naturelles ou artificielles l'embaument et la décorent en toutes saisons.

Nous voudrions les citer toutes ces dévouées servantes de Marie, et ce serait justice, mais si leurs noms sont ignorés de l'histoire, ils sont écrits en lettres d'or sur le livre de vie.

Chapelle de la Civellière.

Cette chapelle, de modeste apparence, existe encore dans l'avenue de la Civellière. On y acquitte, plusieurs fois l'année, les messes de la fondation Paimparé.

Chapelle du Père Montfort.

Quand le Père Montfort établit vers 1714, à Saint-Jacques, une communauté de ses sœurs, pour y tenir une école et une pharmacie gratuite, il fit bâtir, à leur usage, une chapelle que l'on peut voir dans les dépendances de M. Simonneau, rue Dos-d'Ane. Cet ancien industriel intelligent et chrétien se fait un plaisir de la montrer aux visiteurs.

Les sœurs grises demeurèrent dans leur chapelle jusqu'en 1793, 28 mars. Le 9 juin 1791, elles refusèrent de faire le serment qu'on leur demandait. Le 15 octobre 1792, des agents du district de Nantes font l'inventaire du mobilier de l'établissement.

En janvier 1793, 50 hommes armés viennent *faire la fouille* chez elles. Enfin le 28 mars 1793 on les expulsa indignement.

« On requit des ânes, on y plaça les saintes filles, (je ne dirai pas dans quel costume) en les contraignant de tenir en « mains, la queue de l'animal ; et, au milieu des huées d'une « populace effrénée, on les força de parcourir toute la rue « Dos-d'Ane et la rue Saint-Jacques, jusqu'à la place[1]. »

Voici les noms des sœurs de Pirmil au moment de leur expulsion.

Marguerite Esther Pérault (de Brest), en religion, sœur Esther, supérieure locale, âgée de 38 ans.

Marie Guihéneuf, en religion sœur Saint Fidèle, 33 ans.

Louise-Joséphine Bruyon, en religion, sœur Saint Florent, 21 ans.

Françoise-Adélaïde Bazin, en religion sœur Saint Adrien, 23 ans.

Mathurine-Nicolas Marchand, en religion... (?) 23 ans[2].

Après la Révolution les sœurs s'établirent dans un nouveau local, situé dans le chemin de Vertou, aujourd'hui, rue Frère-Louis.

Mais le terrain sur lequel elles avaient construit, était un ancien cimetière ; de là, des chicanes administratives. A la mort de la religieuse titulaire en 1894, les lois combinées : des droits de l'Etat sur les anciens cimetières, de la laïcisation,

[1] Déposition orale d'un témoin.

[2] Nous devons les noms de ces saintes religieuses à une obligeante communication de M. Clermont.

de l'enseignement, de la *persécution légale et obligatoire*, les contraignirent d'évacuer leur nouvelle demeure et de se transporter vis-à-vis, de l'autre côté de la rue, dans un enclos, réservé prudemment par le curé Nouël, *pour parer à certaines éventualités d'ordre administratif* qu'il prévoyait.

La chapelle de Toussaint.

Nous n'en dirons ici que peu de chose, priant le lecteur de se rapporter à l'article X, *Aumônerie de Toussaint*. Nous ferons observer seulement, que d'après le relevé des inscriptions tombales, il devait y avoir deux autels secondaires : un dédié à saint Yves, et l'autre à saint Claude, puis le grand autel dédié à Notre-Dame de Toussaint.

. . . .

Chapelle des Récollets.

Nous n'avons rien de précis sur la chapelle des Récollets. Les archives du couvent ont disparu dans la tourmente révolutionnaire, et les religieux récollets, interrogés par nous, n'ont pu que nous exprimer le regret de n'avoir rien trouvé qui la concernât. (Voir art. IX. *Récollets*). . . . .

. . . .

Chapelle de la Haute-Robertière

Elle est située dans la partie de la propriété appelée la Haute-Robertière, par opposition à la seconde partie de cette ancienne propriété, située de l'autre côté de la route, et qui descend à la Loire. Elle date du commencement de ce siècle, c'est dire qu'elle est d'un style peu caractérisé.

Elle sert à la troisième station de la procession des Rogations. Ce jour-là les grâcieux propriétaires, la famille de Beauchamp, proches parents de monsieur Dupont, le *saint homme de Tours*, font les honneurs de leur maison, avec une courtoisie pleine

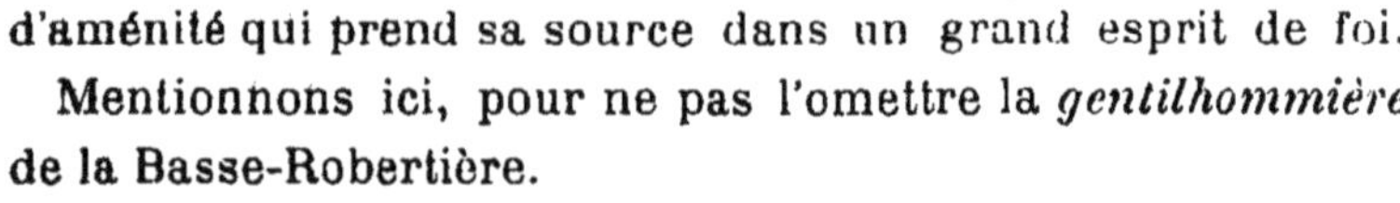

d'aménité qui prend sa source dans un grand esprit de foi.

Mentionnons ici, pour ne pas l'omettre la *gentilhommière* de la Basse-Robertière.

. . . .

Chapelle de la propriété des Harengs

Elle fut bâtie par monsieur Chancerelle nom bien porté, que certains étymologistes, disait-il lui-même, en plaisantant, écrivent : *Chanceréelle.*

Cet excellent chrétien, souche d'une famille des plus honorables de Nantes, avait apporté de Douarnenez, et conservé dans sa maison, la foi vive et agissante de la Bretagne.

Aussi, crut-il acquitter un devoir de reconnaissance, quand il vit que Dieu bénissait ses entreprises commerciales, en élevant à la gloire de Marie ce sanctuaire domestique.

M. le chanoine Lepré, supérieur de la Psallette, fut envoyé, par Monseigneur Jaquemet, à la propriété des Harengs pour y étudier sur place la situation et le plan de la nouvelle chapelle.

M. Chancerelle avait lui-même sollicité cette intervention, et se félicita de voir ses intentions si bien accueillies et si bien réalisées.

Là se fait la station de la procession de saint Marc.

. . . .

Chapelle de la Jaunais

Cette chapelle est un peu éloignée de la maison d'habitation. Elle est très ancienne et fut témoin de plusieurs alliances illustres. C'est à quelque distance de cette chapelle dans la direction du bourg que fut signé le traité de paix qui mit fin à la guerre de Vendée. Nous en parlerons plus loin. La famille Carreau[1] dépositaire de ces souvenirs religieux et

[1] M. Carreau avait pris pour marque de sa maison : *la carte du roi de carreau*. Ce sont les armes parlantes du négociant. Son gendre *Amieux* prit pour devise : *toujours à mieux*.

patriotiques, entretient avec soin la chapelle, et chaque année, au deuxième jour des Rogations, assiste fidèlement à la cérémonie de la station.

. . . .

Chapelle de la Gibrais.

Elle est comme toute la propriété dans un état peu satisfaisant d'entretien et de propreté.

C'est dommage, car ses belles proportions mériteraient une restauration.

On y fait une station à la procession de l'Assomption de la Sainte Vierge.

. . . .

Chapelle du Moulin-Neuf.

Elle est située dans la propriété du Moulin-Neuf, entre le bourg et le village de la Grande Métairie.

La propriété de l'honorable famille Lefeuvre, qui est contiguë, a dû autrefois être d'un seul tenant avec le *Moulin-Neuf*. Une belle avenue de grands arbres semble l'indiquer. La chapelle sert de lieu de sépulture à la famille de la Vergne.

Des plaques commémoratives en recouvrent les murailles.

L'intérieur a été complètement restauré vers 1885.

. . . .

Chapelle de la Savarière.

La chapelle des Ouches de la Savarière, bâtie par madame veuve Dallère, sous l'invocation de Saint Charles Borromée, fut bénite en présence de Mme Dallère femme *Cambronne*[1], le 17 décembre 1781[2]. Isolée de la maison d'habitation, abritée sous de grands arbres, elle est construite sur un terrain bas qui

[1] Rég. par.

[2] Il était l'oncle du général. (*Cambronne*, de la Nicollière-Tejeiro).

court à la Loire, non loin de la nouvelle route de Saint-Sébastien à la levée de Saint-Julien.

C'est là que le premier jour des Rogations la procession s'arrête pour entendre la Sainte Messe.

. . . .

Grotte du Douet.

Le village du Douet possède un monument que nous ne pouvous oublier. C'est une élégante grotte qui a presque les proportions d'une petite chapelle.

Elle fut érigée en 1856 par une famille pleine de foi et de piété.

Depuis cette époque, chaque année le dimanche le plus proche du 8 septembre, fête de la Nativité de la Sainte Vierge, une procession solennelle sort de l'église paroissiale et se rend à ce sanctuaire, pour remercier la Sainte Vierge de la protection qu'elle daigna accorder au village du Douet, en arrêtant le fléau des morts subites qui avait jeté l'effroi, au sein de cette population.

La famille Lemoine garde avec une affection filiale ce monument dédié à Notre-Dame de Toutes-Grâces.

. . . .

Calvaires.

Nous croirions commettre un acte de négligence, en ne parlant pas des croix nombreuses qui s'élèvent sur le sol de Saint-Sébastien.

Ce n'est pas au moment, où une stupide impiété les voudrait abattre, que nous garderons le silence à leur endroit.

C'est notre drapeau à nous chrétiens, c'est à nous de le défendre et de l'honorer.

La Croix du Bourg est un beau monolithe de granit, surmonté d'un croisillon soutenant, de chaque côté du christ, une statue de la sainte Vierge et de saint Jean l'évangéliste.

Plantée au milieu du bourg, au sommet d'un escalier à pans coupés, elle produit un heureux effet et est digne du crayon d'un habile paysagiste.

Elle doit remonter au XVIe siècle. C'est la reine des croix de la paroisse.

Près de la cure, au haut du chemin dit de la *Croix Blanche* qui conduit à la Loire, est la *Croix Blanche* dont le nom a peut-être eu quelque signification oubliée.

Elle est de granit, petite et accolée contre une maison particulière, qui sans doute lui a disputé la place, pour avoir le coin du chemin.

A la *Taponnière*, petit village près du cimetière, est une vieille croix de granit.

Au jour des Rogations, elle est grâcieusement ornée et l'on y chante un cantique.

Tout près, dans un emplacement choisi, s'élève un grand calvaire. C'est le 1er novembre 1882, qu'il fut inauguré très solennellement par les RR. PP. capucins de Nantes, appelés par M. le curé, pour y prêcher une mission des plus fructueuses qui dura trois semaines.

Parlons maintenant des *trois croix sœurs* plantées dans la même semaine, en temps de mission[1] ; ce sont : la croix de la grève nommée la *Croix de Victoire,* elle domine les flots et les îles de la Loire; la croix de Pirmil, maintenant disparue, appelée la *Croix de Bon-Port* ; la croix du Portereau-des-Landes, appelée la *Croix de la Paix,* elle existe toujours et est fort bien entretenue par ce village très chrétien.

Avant de revenir vers la ville, signalons la croix, plantée dans la vigne de M. Caillé, entre la Savarière et la Grésilière.

Elle est d'un grand aspect, soigneusement entourée d'un buisson de fusains, entretenue dans un état parfait de propreté, de décence, qui fait honneur au propriétaire bien connu d'ailleurs par ses bonnes œuvres.

[1] Juin 1740. Reg. par.

Du pied de ce calvaire on jouit d'un coup d'œil enchanteur, sur le panorama de la Loire.

La Croix de laMétairie, au milieu d'un carrefour, est une croix de granit, (XVIe siècle) aux belles proportions, élevée au centre d'un escalier de pierres.

On la décore avec goût en plusieurs circonstances de l'année, on y chante de pieux cantiques, et souvent, les braves habitants de la Métairie, y sont venus de leur propre initiative, demander et obtenir la pluie ou le beau temps.

La Croix du Douet, domine tout le village. Elle est conservée et restaurée avec soin par ceux qu'elle abrite de sa protection. Quand le temps lui a prodigué les outrages, une bonne famille se met à la tête du mouvement ; une souscription est organisée et bientôt la croix redevient jeune et belle.

XII

Chapellenies. — Fondations

Chapellenies.

On appelait ainsi des bénéfices affectés à l'acquittement des frais de certaines cérémonies du culte célébrées selon les intentions du Fondateur. La chapellenie comprenait ordinairement plusieurs petites rentes prises, çà et là, sur des biens désignés dans la fondation, fonciers ou immeubles. Le *légat* était une petite rente de moindre importance, destinée à la même fin, et prélevée sur un seul bien, foncier ou immeuble. La paroisse de Saint-Sébastien possédait un certain nombre de chapellenies et légats

Nous en donnerons la liste, autant que possible, avec le nom du fondateur et la date de la fondation[1].

Chapellenie de la Guibertie, fondée par messire Macé Guibert, 24 novembre. 1543

[1] Arch. dép. Reg. des procès-verbaux des visites pastorales.

Chapellenie de Notre-Dame de Vie, par Anne Bonnin de Vertais, en. 1591
— de Jean Papin, 1er ou 12 février. . . . 1623
— de Laurence Blot, 1er avril. 1623
— de la Civellière par Escuyer Sébastien Viau, 30 mai. 1629
— de Julienne Meneux, 5 août. 1630
— de Marie Nicollon, 30 août. 1631
— des Barais (cité dans l'aveu des Sesmaisons de Portechaises) 1634
— de Dupui ou de la Beniguère *(ibid)*. . . 1634
— de Martin Langlois sieur du Clos-Rivière, 26 novembre. 1659
— de Jacques-Vincent recteur de Saint-Sébastien 12 février. 1668
— de la Jaunais, par Pierre Lebarbier, 22 février. 1676
— de Pierre Tixier recteur de Saint-Sébastien, vers la même époque. . . . . .
— de Julien Minée, 18 juin. 1684
de Courmeningo ou Rameningo de fondation ducale (cité dans l'aveu des Sesmaisons), en. 1634
— de la Corgnétie, fondée probablement par un Corgniet. . . . . ??
— du Coin fondée par Guérin. . . . . ?
— du Verger fondée par le prêtre Jean Verger. ?
— de la Madeleine, (sans autre indication).
— de Catherine Trochu, veuve de Sébastien Meneux, vers. 1700
— de la Patouillère, fondée par Imbert. . ?
— des Guillonneaux, vers. 1700
— de la Confrérie de N.-D. de Vie, 30 avril. 1709
— du Pigeon blanc, légat par Madeleine Bureau femme Denis Blot, (probablement renouvelée). . . . . ?

Chapellenie de Thebaud, légat. . . . . ?
— de la Savarière, desservie ès la Chapelle de la maison de la Civellière. . . . ?
— du Pré fondée par.... de Carquefou. . . ?
— de Toussaint. . . . . ?

XIII

Maisons seigneuriales

Pirmil. — Portechaise. — La Jaunais. — Beaulieu. — La Gibrais. — La Savarière. — La Patouillère. — Le Chesne-Cottereau (ou la Louée). — La Civellière. — Titulaires successifs. — Faits historiques. — Le Presbytère.

Pirmil.

Nous trouvons la seigneurie de Pirmil, entre les mains d'Herbert de Pirmil en 1170[1], et de Gautier de Pirmil en 1205[2].

Les autres seigneurs de Pirmil nous sont inconnus jusqu'en 1409 où Jean de Blouan, premier prieur de Pirmil, commandataire, semble ressusciter à son profit le titre de seigneur.

Est-ce précisément à cette époque que les Prieurs furent regardés comme les seigneurs de Pirmil ?

Portechaise.

Ce nom ne paraît pas d'une étymologie facile[3].

Dans une charte du roi Louis VII en 1141, nous lisons : *portus carchedrarum* ; était-ce une faute du copiste du Roi ?

Plus tard, les manuscrits nous donnent *portus cathedrarum*, d'où la traduction française selon les époques : *port-de-chaires*, *porte-cherres*, *porte-chaires*, *porte-chèze*[4].

Quoi qu'il en soit, il n'y a guère apparence de port vers cet endroit, surtout s'il s'agit du haut village, ainsi nommé.

[1] *Hist. et Géog. de la Loire-Inf.*, par Orieux et Vincent, t. I, p. 384.
[2] *De Cornulier* (Pirmil).
[3] On a lancé sur ce point plusieurs hypothèses plus ou moins plausibles.
[4] Archiv. dép. Çà et là.

Mais, il y avait les *hautes* et les *basses* portechaises ; or, ce dernier lieu était sans doute, ce que nous nommons aujourd'hui le *Petit-Rocher*. Y aurait-il eu là un port ?

Si l'on entend par port, un endroit où la disposition naturelle du rivage, a été aménagée pour recevoir aisément des bateaux, non ; car la côte rocheuse est demeurée intacte, du moins, cela semble ainsi. Mais, si l'on veut appeler port un point de la rive, où les bateaux, pour une raison qui nous reste inconnue, avaient l'habitude de stationner, sur une faible profondeur d'eau, nous ne serions pas éloignés de croire qu'il y avait là un port.

Quant aux *chaises*, nous n'avons jamais pu nous expliquer ce qu'elles viennent faire là.

Juridiction des Sesmaisons à Portechaise.

La famille des Sesmaisons est une des plus anciennes de Nantes. Elle garde, comme une tradition de ses ancêtres, la persuasion qu'elle descend de la même souche que nos glorieux martyrs les *Enfants Nantais*, saint Donatien et saint Rogatien.

C'est pour perpétuer ce souvenir, qu'il y a toujours dans cette famille un membre appelé *Donatien*.

Leurs possessions dans Saint-Sébastien lèz-Nantes « est de « tout temps immémoriale », est-il dit, dans les aveux de 1634[1].

Leur juridiction était, de toute probabilité, ce qu'on appelle une juridiction *en l'air*, c'est-à-dire qu'ils ne possédaient pas de maison seigneuriale, et rendaient la justice sous le *chapitreau* de l'église de Saint-Sébastien[2]. Ils avaient droit de haute, moyenne et basse justice.

Les criminels condamnés par leurs arrêts étaient exécutés près du Mortier-Ruelle, (aujourd'hui appelé Morteruelle) « et « communs de Jouellin, où *antiennement* estait le lieu pa« tibulaire desdits Juiroux de Sesmaisons ès-Portechaises[3] ».

[1] *Aveu des Sesmaisons*, arch. dép. Série B.

[2] *Ibidem*.

[3] *Ibidem*.

La juridiction de Portechaise embrassait la plus grande partie de la paroisse de Saint-Sébastien, y compris le bourg.

Voici d'après l'intéressant ouvrage de M. de Cornulier[1], les différents titulaires de la juridiction de Portechaise.

? de Sesmaisons, en.	1189
Jean de Sesmaisons	1471
Christophe de Sesmaisons	1541-1563
Bonaventure de la Muce.	1577
Claude de Sesmaisons.	1664
Gabriel de Trevellec	1673
René de Sesmaisons.	1680

La Jaunais.

La juridiction de cette maison s'étendait, en partie, sur la paroisse de Saint-Sébastien, en partie, sur celle de Basse-Goulaine. S'il y a existé une habitation seigneuriale, elle doit avoir été modeste, car celle qui s'y voit aujourd'hui, construite ou complètement modifiée, au commencement du siècle, ne fut revêtue d'une certaine apparence de grandeur, que pour honorer le fait historique qui eut lieu aux environs de la chapelle.

En voici la relation empruntée à l'historien des guerres de la Vendée[2]. « Au jour fixé pour l'ouverture de la conférence, « Charette est à la Jaunais, avec son état-major, avec ses guides « et sa cavalerie ; mais il ne rencontra au rendez-vous, que le « conventionnel Menuau arrivant de Saumur. Les dix autres « ont eu peur de se trouver à force égale, en face des royalistes; « ils n'ont pas osé quitter Nantes. Le général s'approche de « Menuau dont la confiance le touche ; et après deux heures « d'entretien : « Maintenant, lui dit-il en souriant, partez pour « Nantes, et prouvez à vos collègues que je ne vous ai pas « mangé. »

[1] *Dictionnaire des terres seigneuriales du comté nantais* (de Cornulier).

[2] Crétineau-Joly, la *Vendée militaire*, t. II, p. 296.

« Menuau leur fit des reproches, et, le 15 février 1795, ils se dé-
« cidèrent à se rendre à la Jaunais, avec une formidable escorte.

« C'était un singulier spectacle que celui offert par l'élite « des deux armées. Le luxe des habits, des chevaux et des « équipages brillait, sans contredit, du côté de la Révolu- « tion ; mais la Vendée, avec sa chétive cavalerie, avec ses « hommes pauvrement vêtus, et leurs cocardes de papier « blanc, en affichait un autre : celui de la victoire. Charette « entre sous la tente, où déjà ont pris place les Réprésentants « et les généraux républicains ; il portait son écharpe blanche, « un panache de même couleur flottait sur sa tête. « Mes- « sieurs, dit-il, m'appelez-vous ici, pour la paix ou pour un « armistice ? Je désire l'une, dans l'intérêt commun ; je ne « conseillerai jamais à la Vendée d'accepter l'autre. »

— « Nous venons, dirent à la fois, le général Canclaux « et le conventionnel Delaunay, réunir des Français, qui « n'auraient jamais dû être divisés. » La conférence com- « mença ».

. . . .

Les conventionnels acceptèrent les conditions imposées par Charette. Ce qu'il y a à remarquer dans cet acte de pacification, c'est que la liberté de la religion et du culte extérieur en fut la base.

Qu'on ne l'oublie pas, la Vendée avait toujours combattu surtout pour son Dieu et sa foi, le Roi et la politique ne venaient qu'après. Le 26 février suivant, Charette entrait triomphalement à Nantes ; c'était, aux yeux de tous, la consécration de la paix... Erreur !... des clauses secrètes *acceptées* par les républicains à la Jaunais, et concernant le rétablissement de la Royauté, ne furent *point observées*... Les hostilités recommencèrent, et grâce aux manœuvres des Anglais, qui avaient grand intérêt à ne point voir la France gouvernée par un roi, le sort des armes se tourna contre l'armée catholique. Le général Travot eut la triste gloire de capturer Charette, ce qu'il fit du reste avec beaucoup de courtoisie; et, après une exhibition humiliante pour Charette et peu digne des vainqueurs du jour, le héros fut fusillé sur la place Viarmes, le 29 mars 1796[1].

Longtemps on put voir sur cette place une porte de jardin en bois, vis-à-vis laquelle le héros vendéen tomba. Quand la famille de Charette fut expropriée de ce terrain qu'elle avait acquis, comme un pieux souvenir, elle exigea de la ville de Nantes, comme *condition de vente*, qu'une marque extérieure quelconque fut placée, à l'endroit de l'exécution. L'édilité nantaise qui, semble-t-il, tenait à faire disparaître tout vestige de ce fait historique, par la percée de la rue d'Auvours, tracée *en biais*, on ne voit pas pourquoi, ne trouva rien de mieux, pour satisfaire à cette demande, que la plaque d'égoût qui est aujourd'hui, sur la lisière de la place Viarmes, dans l'axe de la rue d'Auvours.

De la tombe d'Arthur, ils feraient une borne[2].

Aussi, le représentant de la famille de Charette, indigné de tant de mépris, refusa-t-il d'accepter le montant de la somme reconnue comme prix de la vente. Par le fait, les conditions du contract n'étant pas observées, la vente était nulle.

La municipalité nantaise ne pourrait-elle pas, ne devrait-elle pas rayer des pages de son histoire, cette petite infamie, en réparant une injustice flagrante.

Serait-il difficile, si l'esprit de parti ne peut concéder plus, d'inscrire sur cette banale et froide fonte, ces simples mots : « *ici tomba Charette le 29 mars 1796* ».

La politique n'a rien à voir ici; c'est de l'exécution d'un simple contrat de vente, qu'il s'agit.

. . . .

Claude de Monti de Rezé acquit la Jaunais, en 1714.

. . . .

[1] Crétineau Joly — *Vendée militaire ; çà et là.*

[2] Brizeux : *Elégie de la Bretagne.*

Beaulieu.

L'île de Beaulieu ne s'attendait guère. à devenir le siège d'une baronnie; c'est pourtant ce qui lui arriva sous le premier Empire.

Napoléon 1er l'érigea en baronnie au bénéfice de M. Marion, officier du génie.

Cette île justifie du reste son nom. Placée en Amont du pont de Pirmil, sur la plus grande artère du fleuve, elle jouit d'un soleil sans ombre, est fécondée par les inondations périodiques de la Loire et produit de riches récoltes fourragères.

Elle est maintenant de la paroisse de la Madeleine.

. . . .

La Gibrais. — Juridiction.

Cette propriété, la plus belle de Saint-Sébastien, est située sur la côte. L'entrée est commandée par une grille en fer forgé d'un beau travail. Des pavillons décorent les deux extrémités des murailles, reliées par un berceau de verdure, dans le style de Lenôtre.

Tout le parc et les jardins ont été dessinés par le crayon du grand paysagiste français.

Un bois de haute futaie commence à se ressentir des années, et surtout, de la négligence à l'entretenir par des élagages bien compris.

La maison de maître est remarquable. C'est presque un château grandiosement assis au milieu de vertes pelouses ; Ceineray, notre illustre compatriote en a été l'architecte.

André de la Tullaye avocat-général aux Comptes[1], la possédait, en. 1588
Jean Imbert. 1688
Hervé Lyrot. 1774

[1] *Ib.* de Cornulier.

Maintenant elle est aux mains de Mme Mérot du Barré, insigne bienfaitrice de la paroisse. Elle en a la jouissance durant sa vie, et la propriété retournera aux Mérot du Barré.

Cette famille Mérot possède déjà le Genétais, un peu au-delà du bourg.

Le neveu de Mme Mérot, mort en bon chrétien, à un âge fort avancé, fut maire de la commune pendant de longues années.

. . . .

La Savarière, terre et juridiction

Le village qui lui doit son nom s'étend sur la vallée de la Loire, aux confins de Basse-Goulaine dont les eaux lui servent de limite. Quand le fleuve déborde, le village est bientôt submergé.

Une belle gentilhommière du XVIe y appartenait à la famille Fournier, nous en reparlerons, à propos de l'Evêque de Nantes.

Près du village s'élève une maison de grand aspect, bâtie à l'italienne ; de la terrasse on embrasse toute la vue de la Loire. Elle appartient à M. Normand, commissaire priseur, qui y montre avec plaisir quelques-unes de ses richesses artistiques.

. . . .

La Savarière fut à Jean Savary, en 1400
— à Gillette Barbe, en 1445
— à Gilles Le Bel, en 1460
— à François Le Bel, en 1464
— à Olivier de Corval, en 1541
— à Olivier du Bois-Guéhenneuc, en 1560
— à Pierre de Besné, sieur de la Haie-de-Besné, en 1579
— à Louis du Boisguehenneuc, en 1592
— à Pierre Richerot, en 1612
— à Sébastien Viau, en 1630

La Savarière à Viau, en. 1682
— à Claude-Louis de Monti, en. . . . . . . 1774[1]

. . . .

La Patouillère. — Terre et juridiction.

Elle était comprise, entre le ruisseau qui sépare Saint-Sébastien de Basse-Goulaine, le chemin de Pirmil à Haute-Goulaine et le chemin du Porterau à la Savarière.

Le bois de la Patouillère fait bonne figure.

Au milieu, existe une pyramide en granit, centre d'où partent des routes bien tracées.

On se croirait en face d'un monument historique. Renseignements pris, ce n'est qu'une borne, digne, par sa belle prestance, d'une plus glorieuse destination.

. . . .

La Patouillère a appartenu à François de Kermainguy, alloué de Nantes, en. 1537
à Hervé François de Kermainguy, en. 1543
à Jean Imbert, en 1688
à François Lyrot, sieur du Chastellier, conseiller au Présidial de Nantes, en. 1708
à Hervé Lyrot, en. . . . . 1774[2]

. . . .

Le Chesne-Cottereau. — Terre et juridiction.

Cette juridiction s'étendait sur le territoire de Vertou, mais elle avait de telles affinités avec Saint-Sébastien qu'on ne peut la passer sous silence. Le village de la Louée, un peu au-delà du *Lion d'or*, en était le siège.

Elle est très ancienne et compte des noms de familles propriétaires en Saint-Sébastien, comme on va le voir.

[1] De Cornulier.
[2] *Ibid.*

Elle a été possédée par Pierre Fourrier, en. 1429
par François de Viesque, en. 1440
« Médard de Viesque, en. 1473
« Roland de Viesque, en. 1478
« Médard de Viesque, en. 1480 1502
« François de Kermainguy, en. 1540
« Pierre Richerot écuyer, en. 1612
« Sébastien Viau, en. 1639
« René Richerot, en. 1654
« Sébastien Viau, en. 1681
« Pierre Labbé, en. 1682
« Joachim de Monti, en. 1751
« Claude-Louis de Monti, en. . . . . 1774[1]

. . . .

La Civellière. — Terre et juridiction.

Elle longeait la Sèvre, depuis la Gilarderie, qui dès 1400, était « le fonds et le domaine de la Civellière[2] » et descendait jusque vers l'embouchure de la rivière ; bornée au nord-ouest par la juridiction de Pirmil, et à l'est par Portechaise et la Jaunais. L'allée de la Civellière qui court à angle droit, de la route de Clisson au chemin de Vertou, est un reste de sa grandeur passée.

Voici ses possesseurs successifs :

Sébastien Viau. 1639-1681
Anne Viau, femme de Louis Le Lou, sieur de la Biliais. 1723
Anne Louis Le Lou, femme de Joachim de Monti. 1743
Claude Louis de Monti. . . . . 1774-1777[3]

. . . .

[1] De Cornulier.
[2] Arch. dép. Reg. des procès-verbaux des vis. pastor.
[3] *Ibid.*

Presbytère de la paroisse Saint-Sébastien.

Ce n'est pas par prétention féodale que nous plaçons, après ce qui concerne les maisons seigneuriales, quelques lignes sur la résidence du Pasteur de la paroisse ; mais, après tout, n'était-il pas le chef spirituel des Grands aussi bien que des humbles habitants des campagnes ?

Le presbytère était autrefois situé, près de l'église, à droite de la place, en regardant la façade du clocher[1].

Après la spoliation révolutionnaire[2] la cure fut longtemps, rue de la Becque, puis enfin définitivement, un peu plus loin, dans un bel enclos possédé aujourd'hui par M. Fraboulet, architecte de valeur, à qui le diocèse de Nantes et celui de Luçon doivent plusieurs églises remarquables. Quand la nouvelle église fut achevée, M. le curé Picaud, eut la bonne fortune d'acquérir des demoiselles Audat, la propriété de *la Treille*, près la Croix-Blanche.

L'entrée donne sur la rue, à quelques pas de la sacristie. La rue de la Croix-Blanche la déborne sur le côté, et le jardin descend jusque sur les prairies où l'on accède par une double rampe. Bien que relativement élevé au-dessus de la vallée, le jardin est souvent visité par les grandes eaux.

Ce minuscule domaine se trouve consigné, sous le nom de *la Treille* ou *clos de la Treille*, dans l'aveu des Sesmaisons, en 1634, comme appartenant à Clémence Couprie veuve de messire Guillaume Chapelain, notaire royal à Nantes. La maison n'est pas ancienne, nous en reparlerons à propos de Cambronne.

. . . .

[1] L'église nouvelle a la même orientation que l'ancienne.

[2] Cf. III.... Vente du presbytère, 18 fructidor, an IV.

XIV

Quelques souvenirs

Moulins.— Anecdotes : exécution d'un conscrit de Saint-Julien : un convoi funèbre comme on en voit peu. — Personnages célèbres : Cambronne, M. Babin-Chevaye, Mgr Fournier, Mademoiselle des Brûlais.

Moulins.

Puisqu'ils disparaissent chassés par la vapeur, pourquoi n'en parlerons-nous pas, d'ores et déjà, comme d'un souvenir qui bientôt sera vieux et légendaire?

Ils étaient nombreux à Saint-Sébastien.

A la Haute-Greneraie, le prieur de Pirmil céda, en 1681, un emplacement à Julien Bureau, pour y bâtir un moulin à vent, qui ne s'y éleva qu'en 1715. Un autre fut placé tout près du premier. Les deux ont été rasés, il y a quelques années, par le propriétaire, Blanchard ; et les pierres en ont servi à édifier tout auprès une petite maison isolée de la grand'route, par une claire-voie.

En descendant de la Haute-Martellière à Saint-Jacques, le *moulin-cassé* laisse encore son nom à la propriété sur laquelle il était bâti. *Cassé* de vieille date, il a disparu du sol, ces dernières années.

Plus loin, dans la même direction, dans le périmètre de la salle de danse, au *trivium*, un autre se voyait.

Au Douet, dominant le pays, vis-à-vis le Bodavo (corruption de Bout-d'à-haut) un autre moulin, déjà menacé par la concurrence de la vapeur voulut faire alliance avec son ennemie. Celle-ci devait travailler, quand le vent se reposerait. Le compromis ne dura pas longtemps, et le moulin *à vent et à vapeur* disparut pour ne plus se relever.

Dans la grande lande, vers la métairie, apparaît le *moulin des coucous*, nom équivoque qui le décore depuis la révolution. Il est encore debout, mais désemparé, sans espoir de restauration. Il abrita, pendant de tristes jours, les nobles rejetons de grandes familles, qui, au sortir des hostilités, y attendirent le moment favorable pour rentrer à Nantes, sur un petit bateau, conduit par le jeune et brave gars du meûnier. Dans le bourg, mentionnons un vieux moulin démoli depuis peu. Celui-là a fait parler de lui.

Nous donnons le récit fidèle que nous avons recueilli tout récemment de la bouche d'un personnage très véridique. « Il me paraît, nous a-t-il dit, que ce moulin a été réellement « *hanté*. De nombreux témoins me l'ont assuré, avec le détail « très circonstancié des bruits qu'on y entendait : fracas de « toutes sortes, déplacement de meubles, et même d'enfants... « Il était attenant à une maison construite sur l'emplacement « de l'ancienne cure, et le propriétaire, qui avait payé en *as-* « *signats* toute la *propriété presbytérale*, s'était engagé, au « vis-à-vis de lui-même, à ce que, jamais une buvette ne fût « bâtie sur ce terrain[1]. C'est à l'infraction de cette résolution « du propriétaire, qu'on attribuait les bruits entendus ; car, « une buvette tenue par T... occupait la maison voisine du « moulin.

« M. le curé Legal, désireux de savoir la vérité sur ces évé- « nements extraordinaires, pria deux gendarmes de passer « la nuit dans le moulin. Ils y consentirent. Mais le lendemain, « ils déclarèrent avoir entendu tant de vacarme et de choses « affreuses, qu'ils n'y retourneraient jamais ; leur promît-on « une fortune.

« C'est quelque temps après, que moi, jeune étudiant en « vacances, n'ayant pas encore la soutane, accompagné de « mon frère, de M. Perrin devenu curé de Thouaré et d'un

[1] Il est à croire qu'il en agissait ainsi par respect pour l'ancienne cure dont le moulin dépendait.

« autre, je résolus de passer la nuit dans la fameuse demeure « hantée.

« Nous nous installâmes sans difficulté. Nous jouâmes aux « cartes et à divers jeux ; nous fîmes même des prières pour « provoquer le diable, si c'était lui l'auteur des méfaits ; rien « n'y fit, la nuit fut très calme, sans incident d'aucune nature.

« Il est vrai que c'était le lendemain du jour où T... avait « déménagé, et que la maison attenante n'était plus une « *buvette* ; raison pour laquelle, disait-on, tout rentrait dans « l'ordre[1]. » *Cessante causâ, cessat effectus* ; la cause cessant, l'effet n'a plus lieu.

Dans le chemin de la Becque, à gauche, en allant vers la Loire, était un ancien moulin dont il ne reste plus trace.

Presque vis-à-vis, un dernier, et celui-là glorifié pour tous ses autres compagnons d'infortune, s'aperçoit sous la forme d'une tour originale, incrustée de briques peintes d'un assez heureux effet. Il est transformé en *belvéder*, on ne peut mieux placé, et doit sa nouvelle et merveilleuse appropriation, à la famille Angebeau, nom aimé et vénéré des Nantais.

Sur le côté qui fait face au chemin, une tête d'ange accompagnée d'ailes avec ce mot écrit au-dessus : *beau*, rappelle comme des *armes parlantes* le nom du restaurateur : *Ange beau*.

Plusieurs autres moulins à vent se dressaient en portechaise.

Vieux et poétiques moulins, l'industrie moderne a juré leur perte ! Bientôt, on ne gardera d'eux qu'un souvenir confus ; et pourtant ne valaient-ils pas mieux que ces meules d'acier qui rapportent 20 0/0 de plus à la meûnerie, mais font perdre peut-être davantage à nos estomacs !

[1] **Déposition de M. le chanoine Eugène Peigné le fondateur, à Nantes, de l'un des premiers *Toutes-joies* de France.**

Anecdotes.

Exécution d'un conscrit de Saint-Julien de Concelles.

On était à la dernière phase des guerres de Vendée ; une colonne de soldats de la république stationnait dans le bourg de Saint-Sébastien.

Charette stipulait les conditions d'un traité avec les commissaires de la révolution ; la paix allait être signée d'un moment à l'autre, et les cœurs s'ouvraient à l'espérance de jours meilleurs.

Un jeune conscrit de Saint-Julien de Concelles, apercevant de loin les horizons de son pays natal, ne put résister à la tentation de regagner ses foyers, sans que l'armée eût été licenciée.

Le colonel envoya à sa poursuite ; le fugitif fut amené au camp et condamné à mort.

En vain, Mme Cambronne et les notabilités du pays, y compris M. le curé, implorèrent-elles sa grâce, avec tous les arguments que peut inspirer la compassion pour un enfant de vingt ans. Le colonel fut inflexible. « Je serais heureux, ré« pondit-il, de vous être agréable, mais, si je ne fais pas un « exemple, tous mes soldats déserteront, et demain, je me « trouverai sans armée si les hostilités reprennent. » L'arrêt de mort fut donc maintenu et exécuté.

On conduisit le conscrit déserteur sur la prairie, au bas du perron de la cure actuelle, et, ce fut là qu'adossé au mur, il fut passé par les armes.

Son dernier regard fut pour son pays, qu'il ne vit que de loin... *Et dulces moriens reminiscitur Argos.*[1]

Un convoi funèbre comme on en voit peu.

La maison *du Clos-sur-l'Eau*, autrement appelée le *Singe-Doré*, fut bâtie, dit-on, par un entrepreneur de maçonnerie enrichi ; de là son nom.

[1] Virgile.

Sans être remarquable, au point de vue architectural, elle affecte un air de grandeur, et est bien encadrée par deux terrasses d'un bel aspect, donnant sur la côte.

Lorsque la famille Petit-Pierre la revendit, elle se réserva, sur le chemin de la *fonderie*, un étroit enclos ombragé de grands arbres : quelques tombeaux s'y cachaient.

Or, il advint qu'un membre de la famille étant mort, le convoi funèbre se dirigea en grande pompe, vers ce lieu qui devait être la dernière demeure du défunt.

Il y eut une belle assistance ; de grands discours furent débités près du cercueil; en un mot, cette cérémonie semblait ne laisser rien à désirer pour la gloire de l'intéressé. Toutefois quelque chose y manqua; ce fut...... la *présence du trépassé.* Par un oubli facile aux protestants qui ne gardent pas leurs morts, on avait omis la mise en bière. Le lendemain, on répara cette *lacune importante* ; et, cette fois le corps fut bien et dûment déposé dans le petit cimetière protestant, mais... à la muette.

Personnages célèbres.

LE GÉNÉRAL CAMBRONNE, (PIERRE JACQUES ETIENNE, BARON)

Nous rencontrons ce brave général à Saint-Sébastien dans son enfance et dans sa vieillesse.

Le presbytère actuel du curé de Saint-Sébastien appartenait autrefois à la famille Cambronne. Cette modeste propriété, appelée *la Treille*, était pendant l'été, la résidence de M. et de Mme Cambronne, dont les initiales[1] entrelacées se lisent encore sur le claveau de la porte centrale qui domine la Loire. Cambronne n'y est point né, nous le prouverons tout à l'heure, mais il y passa d'heureux jours.

Dans ces lieux témoins de ses premiers ébats, le bouillant commandant de la Garde accomplit plus d'une prouesse. Entre autres, nous retenons celle-ci. Par un rude hiver où

[1] C. D. Cambronne, Druon, (nom de la mère du général).

tous les bras de la Loire étaient congelés, il lui prit fantaisie de les traverser, pour arriver à Nantes, *en ligne droite*, disait-il.

Au feu, plus tard, il ne se montra pas moins intrépide.

Après avoir renoncé à la carrière militaire, le général Cambronne venait à la Tullaye chez sa mère, qui, sans doute, ne possédait plus sa petite maison de la Treille. Mme Cambronne mourut dans sa propriété le 2 février 1819, emportant l'estime et la vénération de tous[1].

Dans ses derniers moments, elle conseilla à son fils d'épouser Mme veuve Osburn, fille de M. Sword de Glascow, décédé à la Baugerie[2] propriété contiguë à la Tullaye, le 3 décembre 1813[3].

Cambronne contracta ce mariage à Saint-Sébastien le 10 mai 1820[4], et ce fut alors qu'il habita la Baugerie, propriété de sa femme.

Des fenêtres de son petit Trianon l'*indompté de Waterloo*, prenait ses récréations favorites, en face de cette belle Loire qu'il aimait tant !

Quand l'occasion s'en présentait, et, au besoin, il la provoquait, Cambronne jetait, dans le fleuve, des piécettes d'argent, aux garçonnets de la côte et des environs. Avec quels éclats de rire, il assistait à ces petits combats qui lui rappelaient, non sans quelques délices, ses bousculades militaires d'autrefois !

Qu'on nous permette d'éclaircir, en peu de mots, plusieurs faits de la vie de Cambronne.

On a dit que le général naquit à Saint-Sébastien. C'est une erreur.

[1] Registre de la paroisse Saint-Sébastien.

[2] Ancienne maison seigneuriale, appelée « lieu noble » dans les aveux des Sesmaisons, en 1634. Elle est depuis longtemps occupée par la famille Thébaud-Douard. On vient (en 1897) d'abattre la maison habitée par Cambronne, et de construire sur les mêmes fondations une demeure de belle architecture.

[3] Registre de la paroisse de Saint-Sébastien.

[4] *Ibidem*.

On lit sur le registre paroissial de Sainte-Croix[1], que Pierre-Jacques-Etienne Cambronne naquit à Nantes le 26 décembre 1770, et fut baptisé, dans l'église Sainte-Croix, le lendemain 27.

Il vit le jour dans une des maisons[2] voisines du pont de Belle-Croix, près du monument de Gilles de Retz dit Barbe-Bleue. Ce groupe de constructions fut détruit pour faire place au square tracé devant les nouveaux bâtiments de l'Hôtel-Dieu.

Cette gloire nantaise s'éteignit, à Nantes, en sa demeure, rue Jean-Jacques, n° 3, le 29 janvier 1842.

— *Le mot de Cambronne* (mot de cinq lettres) a-t-il été prononcé par lui, à Waterloo ? M. de la Nicollière, dans l'opuscule déjà cité, le nie, et attribue l'interjection *pimentée* à un poète[3] en recherche de bouffonneries ou de rime introuvable. Il démontre que le général n'avait point cette façon de parler, et cite une protestation catégorique faite par Cambronne au général Mellinet qui l'avait questionné à ce sujet.

On voudra bien lire la déposition authentique et très circonstanciée qui nous a été faite par M. le chanoine Peigné Eugène.

« En ma présence, mon père[4] qui voyait souvent Cambronne
« comme voisin et l'aimait beaucoup, lui dit : — mon général,
« est-il vrai que vous ayez prononcé, à Waterloo, les paroles
« qu'on vous a prêtées : la garde meurt et ne se rend pas !
« — Un soldat, répondit Cambronne, n'a pas l'idée de pronon-
« cer de telles paroles, surtout quand il est sur le champ de

[1] Arch. municip. de Nantes, série GG.

[2] *Opuscule sur Cambronne*, par M. de la Nicollière.

[3] Victor Hugo, tour à tour sublime et trivial, fait de Cambronne « un *soldat obscur* » et sans naissance. Chacun naît comme Dieu le veut, c'est vrai ; mais, il est vrai aussi que la famille de Cambronne a toujours tenu son rang, parmi les riches industriels de la Picardie et de Nantes (Voir de la Nicollière, article *Cambronne, notes et documents inédits.*)

[4] M. Peigné, gros négociant en vins et spiritueux, habitait sur la côte Saint-Sébastien près du chemin de la fonderie, non loin de la *Baugerie*, résidence de Cambronne.

« bataille. Je n'ai pas dit cela; j'ai tout simplement répondu à celui qui me demandait de me rendre : « Va te faire f. »

La phrase sententieuse, très littéraire d'ailleurs, n'a pas été dite par Cambronne. Le mot de cinq lettres moins académique et *très* énergique, ne l'a pas été non plus.

La vérité est entre les deux : « Va te faire f. » : voilà une exclamation suffisamment militaire et bien en situation.

. . . .

Il paraît que Saint Sébastien possède des attraits particuliers pour les glorieux défenseurs de la Patrie.

Tout près de la Baugerie, à la Tullaye le général Ladmiraud vint pendant de longues années en villégiature.

Au bourg, le général Duez habita, jusqu'à sa mort, une belle tenue où disait-il, il était heureux « de planter ses « choux, loin du bruit et des honneurs. »

Monsieur Babin-Chevaye.

« *La Cailletière,* autrement dit la Tullaye, près dudit *lieu* « *noble de la Beaugerie*[1] » a été de nos jours la maison de campagne de la famille Babin-Chevaye.

Qui n'a connu et aimé à Nantes M. Babin-Chevaye, ingénieur et négociateur habile, autant que modeste et bon ?

C'est justice qu'on ait consacré sa mémoire, en appelant de son nom, le nouveau boulevard de la Madeleine, allant aux *chantiers de la Loire* auxquels il sut donner toute leur prospérité.

A la Cailletière, il prenait de temps en temps un délassement nécessaire, mais toujours insuffisant pour prolonger une existence si précieuse et si surmenée. Jeune encore, il faillit périr dans les eaux, vis-à-vis sa demeure.

Embarqué dans un léger canot à voile, avec un ami, il eut la douleur de voir disparaître, sous les flots soulevés par un violent coup de vent, son compagnon et le marin lui-même,

[1] *Aveu des Sesmaisons en 1634.*

que par prudence il avait préposé à la marche du bateau. Inconsolable de ce malheur il en conserva toujours un amer souvenir et fut fidèle à payer à la veuve du marin une pension que sa seule délicatesse lui fit un devoir de servir.

Mme Babin-Chevaye et toute sa famille, continuent d'habiter cette paisible demeure où les retiennent tant de doux souvenirs[1].

Monseigneur Fournier.

Au village de la Savarière se rattache un souvenir de Mgr Fournier. Chaque année, il venait y prendre ses vacances d'écolier, dans une famille alliée à la sienne qui habitait la gentilhommière dont nous avons parlé plus haut.

« C'était merveille, nous racontait un témoin, de le voir « arpenter les champs et se donner de l'air, avec cet entrain, « cette vivacité qu'on lui a connus jusque dans sa vieillesse. »

Il n'oublia jamais les lieux, où s'écoulèrent pour lui de si beaux jours, et revint toujours avec plaisir à la paroisse de Saint-Sébastien.

Il est une page de la vie de Mgr Fournier qui appartient à l'histoire de Saint-Sébastien : c'est le récit de sa première visite pastorale dans cette paroisse. Nous le donnons tel qu'il a été écrit par une Nantaise, témoin oculaire et auriculaire[2].

.... « M. le curé présente l'encens à Monseigneur et lui « lit son discours, un joli discours, en vérité, tout émaillé de « traits délicats et d'allusions flatteuses pour Sa Grandeur et « pour les familles auxquelles le lient de vieilles affections.

[1] M. Louis-Mathurin Babin-Chevaye, président de la chambre de commerce de Nantes, administrateur-délégué, directeur des ateliers et chantiers de la Loire, président de la Société des Patrons de l'industrie métallurgique de Nantes et de la Loire-Inférieure, ancien membre de l'Assemblée Nationale, ancien juge au tribunal de commerce de Nantes, ancien conseiller municipal de Nantes, officier de la Légion d'honneur, décédé à Nantes le 6 avril 1887, dans sa 63e année...... suit un éloge complet et mérité (*Revue historique de l'Ouest*, 1887, nécrologie, par Jehan de la Savinaye.)

[2] Cette relation, simple éphéméride, fut écrite le 30 mai 1872, quelques jours après l'événement.

« Monseigneur répond d'une façon non moins grâcieuse, en « rappelant qu'entre toutes, la paroisse de Saint-Sébastien « tient une place de choix dans son cœur ; car, jadis, il y a « plusieurs fois annoncé la parole de Dieu. *C'est là qu'il se « trouvait, quand lui arriva la première nouvelle de sa pro- « motion à l'épiscopat ; et, c'est dans son temple qu'il fit sa pre- « mière prière d'actions de grâces.* Puis, il dit au curé qu'il lui « faut avoir charmé sa paroisse, pour avoir obtenu un résul- « tat si magnifique[1], en si peu d'annés. Il félicite le troupeau « qui a si bien compris son pasteur, et le pasteur qui possède « un si excellent troupeau. Il trouve quelques chaleureuses « paroles, pour encourager la population, à marcher de plus « en plus, dans la bonne voie, et à prier pour tant d'autres « moins heureux, qui n'ont jamais éprouvé les douces jouis- « sances de la foi, que tous éprouvent en ce jour. Il termine « en nous recommandant de rester bretons, catholiques, de « prier, de prêcher par l'exemple, etc...... »

Mademoiselle des Brûlais.

Mlle Marie-Ange-Olivier des Brûlais a tenu, à Nantes, avec Mlle Utten, un pensionnat florissant, où furent formées, à une éducation très élevée et très chrétienne, beaucoup de jeunes filles, appartenant à d'excellentes familles.

Elle est l'auteur distingué de l'*Echo de la sainte montagne*, récit de l'apparition de la sainte Vierge, à la montagne de la Salette, qui eut, à cette époque, autant de retentissement que, plus tard, le livre de Lasserre sur l'apparition de Lourdes.

Mlle des Brûlais et Mlle Utten, après une vie laborieuse et saintement employée, se retirèrent à Saint-Sébastien et acquirent la propriété appelée le Petit-Portail, près Porte-chaise. Elles passèrent là, plus de vingt ans, dans la pratique des bonnes œuvres. Mlle des Brûlais s'y livra avec une prédilection, qu'expliquaient ses remarquables aptitudes pédagogi-

[1] La construction de la nouvelle église.

ques à la préparation des petits enfants pour la première communion. On la voyait, malgré son âge avancé, prendre le chemin du bourg, à des jours réglés ; elle allait faire le catéchisme à une vingtaine de jeunes garçons de sept à neuf ans.

Elle savait les intéresser vivement, au moyen de tableaux et de gravures empruntés à de bonnes publications, et réussissait à leur donner une somme de connaissances religieuses. Bel exemple pour les Dames chrétiennes, qui, libres de leur temps et de leurs agissements, pourraient, par les mêmes procédés, combattre l'indifférence ou l'impiété des programmes officiels de l'enseignement laïc.

Mlle des Brûlais quitta Saint-Sébastien, après la mort de sa sainte compagne Mlle Utten, et se retira à Nantes, où elle mourut en 1896, à l'âge de 87 ans.

Le journal l'*Espérance du Peuple* dans son numéro d'août 1896, a rendu à la mémoire de Mlle des Brûlais un hommage digne de ses vertus.

ERRATA

Pages	Lignes	Au lieu de	Lire
28	8	sur les indications	sur les indications de
38	21	piloties	pilotis
59	12	tombante	branlante
81	5	de l'aumônerie	de l'aumônerie, par Charles de Blois
82	6	Au XVIe	Au XVIIe
83	24	Toussaint.	Toussaint, par Charles de Blois.
89	2	Sant-Clément	Saint-Clément
95	22	15 août 1678	15 août 1658
103	5-6	satisfait sant	satisfaisant
109	23	Leurs possessions	Leur juridiction
»	25	Leur juridiction était, de toute probabilité,	Elle était, selon toutes les probabilités,

TABLE DES MATIÈRES

Avant-propos 1

I

Origines de la paroisse d'Aignes. — Patrons. — Sanctuaires du diocèse de Nantes, sous le vocable de Saint-Sébastien. 2

II

SAINT-SÉBASTIEN D'AIGNES, PAROISSE

Topographie, limites anciennes, limites actuelles.— Population. — Eglise ancienne — Eglise nouvelle. 5

III

Suite chronologique des faits concernant l'histoire générale de la paroisse de Saint-Sébastien d'Aignes. 13

IV

PÈLERINAGE A SAINT-SÉBASTIEN D'AIGNES

Origines. — Pèlerinages de la ville de Nantes, des paroisses du diocèse, des paroisses étrangères au diocèse. . . . 19

V

CONFRÉRIE DE SAINT-SÉBASTIEN

Mode de recrutement. — Usages. — Assemblée générale des prévôts et marguilliers. 28

VI

PIRMIL

Origines. — Tour de Pirmil. — Faits historiques. — Quelques noms illustres. — Pirmil en temps de guerre. — Plan de la citadelle de Pirmil. — Pont de Pirmil. — Pêcheries. — Pont Rousseau. — Côte Saint-Sébastien. — Ports. — Magasins. 30

VII

PRIEURÉ DE PIRMIL

Origines. — Chapelle. — Fonctions hospitalières et spirituelles. — Vicaires résidants. — Décadence. — Religieux de Saint-Maur. — Restauration. — Revenus et charges. — Période révolutionnaire. — Spoliation. 53

VIII

CONFRÉRIES

Confrérie de Notre-Dame-de-Vie. — Confrérie des cordonniers. — Confrérie des tisserands. — Confrérie de la Sainte-Trinité. — Usages. 67

IX

VERTAIS

Quartier de Vertais. — Chronique des faits. — Couvent des Récollets. — Cœur d'Hercule de Rohan. — Spoliation. — Club des Récollets. 72

X

AUMÔNERIE DE TOUSSAINT

Quartier de Petite-Biesse et de Grande-Biesse. — Coup d'œil d'ensemble sur l'aumônerie de Toussaint. — Acte de donation et fondation de l'aumônerie, par Charles de Blois. — Suite chronologique des faits. — Vente des biens de l'aumônerie — 26 inscriptions tombales.. 81

XI

CHAPELLES ET CALVAIRES

Chapelles de Bonne-Garde, — de la Civellière, — du Père Montfort, — de Toussaint, — des Récollets, — de la Haute-Robertière, — des Harengs, — de la Jaunais, — de la Gibrais, — du Moulin, — de la Savarière, — Grotte du Douet. — Calvaires. . . . 98

XII

Chapellenies. — Fondations 106

XIII

MAISONS SEIGNEURIALES

Pirmil. — Portechaise. — La Jaunais. — Beaulieu. — La Gibrais. — La Savarière. — La Patouillère. — Le Chesne-Cottereau (ou la Louée). — La Civellière. — Titulaires successifs. — Faits historiques. — Le Presbytère. . . . 108

XIV

QUELQUES SOUVENIRS

Moulins. — Anecdotes : exécution d'un conscrit de Saint-Julien ; un convoi funèbre comme on en voit peu. — Personnages célèbres : Cambronne, M. Babin-Chevaye, Mgr Fournier, Mademoiselle des Brûlais 118

Vannes. — Imprimerie LAFOLYE.

www.ingramcontent.com/pod-product-compliance
Ingram Content Group UK Ltd.
Pitfield, Milton Keynes, MK11 3LW, UK
UKHW012043240726
13965UKWH00003B/1001

9 782013 045155